Aus dem Lektorat

Die Autorin

Isa Schikorsky studierte Germanistik und Geschichte und promovierte mit einer Arbeit zur Sprachgeschichte. Seit 1995 ist sie als Dozentin für kreatives und literarisches Schreiben tätig. 2005 gründete sie „Stilistico Schreibkultur", ein Programm für Schreibreisen, Schreibseminare, Lektorat, Schreibcoaching und Textberatung. Sie lebt als freie Autorin, Lektorin und Dozentin in Köln.

Isa Schikorsky hat unter anderem eine Biografie über *Erich Kästner* (dtv 1998), den *Schnellkurs Kinder- und Jugendliteratur* (DuMont 2003) sowie die Kriminalromane *Linstows Geheimnis* (Greifen 2009) und *Abt Jerusalem und die Hohe Schule des Todes* (Leda 2009) publiziert.

www.stilistico.de und www.schikorsky.de

Isa Schikorsky

Aus dem Lektorat

50 Tipps zum Schreiben und Veröffentlichen

© 2009 – Isa Schikorsky, Köln
Herstellung und Verlag: Books on Demand GmbH,
Norderstedt

ISBN 978-3-8370-3555-1

Inhalt

Schreibtipps für Erzähltexte

1. Der Stoff, aus dem Geschichten werden

„Stoff, das fiktive oder realistische Material, das durch einen Autor gestaltet wird, der erfundene oder in Mythos, Religion, Geschichte, Zeitereignissen oder in der Dichtung anderer Autoren gefundene Geschehniszusammenhang (Fabel, Plot), den er einer Dichtung zugrunde legt." So definiert der Literatur-Brockhaus den Begriff „Stoff". Im Grunde hat der literarische Stoff dieselbe Funktion wie ein Kleider- oder Gardinenstoff, er ist das Material, aus dem Geschichten geschneidert werden. Wie kommt man an einen geeigneten Stoff? Man kann ihn natürlich selber weben. Aus den Erfahrungen des eigenen Lebens entstehen Stoffe, deren Materialeigenschaften man genau kennt, aus denen sich aber, je nachdem, was man erlebt hat, möglicherweise nur schlichte und praktische Alltagskleidung nähen lässt. Warum also nicht auf einen bereits gewebten Stoff zurückgreifen? Es gibt Ereignisse und Biografien, die funkeln wie Brokat, sind aufregend wie Chiffon oder knistern vor Spannung wie Seide. Und das Beste, Sie erhalten diese „edlen" Materialien ganz umsonst, wenn Sie nur die Augen offen halten. Etwa bei der Zeitungslektüre. Vor allem die kleinen Artikel unter Vermischtes (in den nicht gar zu intellektuellen Blättern) liefern Ihnen Stoffe ballenweise: „Tod nach dem Verzehr von Tiramisu" oder „Hund erschießt Herrchen". Ich liebe außerdem Todesanzeigen und Spaziergänge über Friedhöfe, die Stoff für Familiengeschichten über Generationen bieten. Des Weiteren können Erzählungen von Freunden, belauschte Gespräche in der Straßenbahn, Reportagen im Fernsehen oder Bücher als Stofflieferanten fungieren.

Eine ungemein reichhaltige Quelle entdeckte ich vor einiger Zeit eher zufällig. *Das große Buch der Listen* von David Wallechinsky bietet nämlich, anders als der Titel ahnen lässt, nur wenige Listen, dafür aber ganze Berichte über kuriose und fast unglaubliche Geschehnisse. So findet sich unter „18 seltsame Tode" der Fall eines Mannes, der von einem Roboter getötet wurde. Es gibt „23 Dinge, die vom Himmel fielen", „20 denkwürdige Küsse" und „10 bemerkenswerte Mansardengeschichten". Auch aus „10 eigentümlichen Beschwerden" lassen sich allerhand Geschichten schneidern, zum Beispiel über Phänomene wie „Mohrrübenabhängigkeit" oder „Bestecksucht".

Und schließlich können Sie dem Beispiel berühmter Schriftsteller folgen und Stoffe aus Mythos, Religion, Geschichte und Literatur gestalten, die über Jahrhunderte hin die Grundlage der Weltliteratur bildeten. Anregungen dazu erhalten sie aus dem Buch *Stoffe der Weltliteratur* von Elisabeth Frenzel. Hier lernen Sie wahrhaft dramatische Biografien kennen und erfahren, wie unterschiedlich sie im Verlauf der Zeit gestaltet wurden. Es kann ungemein produktiv sein, sich zu überlegen, wie heute die Geschichte einer Frau erzählt werden könnte, die aus Liebe zu einem Mann selbst vor einem Mord nicht zurückschreckt. Und die dann, als sie ihm den Weg zu Macht und Ruhm geebnet hat, von ihm verlassen wird. Sie hat nur noch einen Gedanken: Rache. Und um dem Mann wirklich alles zu nehmen, tötet sie nicht nur seine Geliebte, sondern auch ihre eigenen Kinder. Was für ein Stoff! Welche literarische Gestalt er zwischen Altertum und Gegenwart angenommen hat, können Sie unter dem Stichwort „Medea" nachlesen.

2. Das Geheimnis des Spannungsbogens

Woran liegt es, dass man manchen Roman irgendwann gelang-weilt zur Seite legt? Es fehlt einfach die Spannung. Gemeint ist damit nicht unbedingt die genretypische Spannung eines Actionthrillers oder Krimis, sondern die innere Spannung des Handlungsverlaufs, die jeder Roman benötigt, um Leser bis zur letzten Seite zu fesseln. Ein Spannungsbogen kann nur aufgebaut werden, wenn es einen Konflikt gibt. Ein Konflikt wiederum kann nur entstehen, wenn die Hauptfigur ein wirkli-ches Ziel hat und Hindernisse überwinden muss, um es zu er-reichen. Ron Kellermann hat dieses Grundgesetz einer jeden Geschichte wunderbar knapp auf den Punkt gebracht: „Der Protagonist will etwas – die antagonistische Kraft hindert ihn daran." Beide Aspekte sind zwingend nötig fürs literarische Erzählen. Solange Sie sich davor drücken, festzulegen, welches Ziel Ihr Protagonist verfolgt und was ihn hindert, es (sofort) zu erreichen, werden Sie das innere Gefüge Ihres Romans nicht in den Griff bekommen. Aber wenn Sie es wissen, wird sich die Struktur fast von selbst ergeben. Dann fällt es auch wesentlich leichter, das „Primärereignis", wie Elizabeth George es nennt, zu bestimmen oder den „narrativen Haken" (Fritz Gesing). Gemeint ist das Geschehen, das den Konflikt auslöst und in der Folge die Handlung vorantreibt.

Schwierig sind die Überlegungen zum Figurenziel vor allem, wenn der Stoff stark autobiografisch geprägt ist. Dann muss man einen großen Schritt zurücktreten oder das eigene Leben aus der Vogelperspektive betrachten, muss fokussieren und pointieren. Oft neigt man dazu, den eigenen Werdegang als

Abfolge von Zufällen zu verstehen. Doch es gibt in jedem Leben einen geheimen Motor, man muss ihn nur finden – oder erfinden. Manchmal scheinen auch verschiedene Ziele so fest miteinander verknüpft, dass es schwerfällt, sie aufzudröseln. Aber Sie werden nicht umhinkommen, einen roten Faden deutlich sichtbar durch Ihre Geschichte zu ziehen, und der ergibt sich wiederum aus dem Handlungsziel des Protagonisten. Nehmen Sie einfach irgendeinen Roman zur Hand und analysieren Sie ihn unter diesen Gesichtspunkten. Sicher werden Sie das Muster entdecken. Ich habe gerade *Ein perfekter Freund* von Martin Suter gelesen. Fabio Rossi erwacht im Krankenhausbett und kennt sich selbst nicht mehr. Fünfzig Tage fehlen in seiner Erinnerung. Von anderen erfährt er, dass er sich in der Zwischenzeit sehr seltsam und ganz anders als gewöhnlich verhalten hat. Was ist geschehen? Das herauszufinden, ist das Ziel von Fabio Rossi, aber auch das des Lesers. Es gibt einen starken, zunächst unbekannten Gegner, der alles unternimmt, um diese Spurensuche zu verhindern. Die Auflösung des Spannungsbogens hat mich in diesem Roman allerdings nicht überzeugt.

3. Die Bedeutung des Wo und Wann

„Der kleine Junge hockte auf allen vieren zu Füßen seiner Mutter und tat, als pflückte er die Rosen vom Perserteppich." Ein Anfang, wie ich ihn gerne erfunden hätte. So beginnt Julien Greens Roman *Die Sterne des Südens*. Warum mir der Satz so gut gefällt? Nun, er erreicht, was jeder Erzähltext erreichen sollte, ich bin sofort an einem Ort und bei einer Figur. Ein erstes Bild erscheint in meinem Kopf, die beste Voraussetzung, andere anzuschließen und so den inneren Film zum Laufen zu bringen, der die Faszination des Lesens ausmacht. Denn das ist es doch: unbeweglich im Sessel zu sitzen und trotzdem an einem ganz anderen Ort zu sein. Wer einmal verstanden hat, wie wichtig die Orientierung in Raum und Zeit ist, damit die Bilderreise beginnen kann, wird sie dem Leser nicht verweigern. Doch gerade wenig erfahrene Autoren lassen ihre Figuren oft gewissermaßen im luftleeren Raum handeln. Dabei sollten Sie als Autor in jedem Moment des Schreibens wissen, wo sich die Figuren gerade befinden. Teilen Sie Ihren Lesern doch etwas von diesem Wissen mit. Bei der Orientierung helfen auch Hinweise auf Tageszeit, Jahreszeit, Wetter sowie die Epoche: Befinden wir uns in der Gegenwart, im Mittelalter oder im Jahr 2080? Man kann alles in einem Satz zusammenfassen: „Es war im Jahre 1929, gegen Ende April, in der Dämmerstunde eines lauen Frühlingstages." Ziehen Sie einen beliebigen Roman aus Ihrem Bücherregal und lesen Sie die erste Seite. Sicher erfahren Sie etwas über das Wo und Wann. Viele Anregungen, auch zum Weiterschreiben, bietet das Büchlein *Romananfänge. Rund 500 erste Sätze* von Harald Beck.

4. Wer erzählt Ihre Geschichte?

Blöde Frage, werden Sie vielleicht denken. Ich natürlich. Ich: der Autor oder die Autorin. Für autobiografische Texte trifft das zu: Jemand erzählt seine eigene Lebensgeschichte, Autor und Erzähler sind also identisch. Doch für Erzählungen und Romane gilt diese Annahme nicht. Der Autor erfindet eine Welt, der er selbst nicht angehört. Nur der Erzähler ist Teil dieses fiktionalen Universums. Der Autor muss außerhalb stehen, so wie ein Marionettenspieler, der seine Puppen bewegt, selbst nicht Teil der Inszenierung ist. Der Erzähler einer Geschichte kann ganz andere Ansichten vertreten als der Autor, er kann auch ein anderes Geschlecht haben. Eine wichtige Frage ist: Welche Rolle übernimmt der Erzähler? Schildert er seine eigene Geschichte oder die einer anderen Figur? Bleibt er im Hintergrund oder mischt er sich ständig ein? Vermittelt er den Lesern durch Kommentare, Bewertungen und Zusatzinformationen eine bestimmte Sichtweise?

Überlegen Sie, welchen Typ von Erzähler Sie schätzen. Im Allgemeinen mögen wir Menschen, die uns gut unterhalten, die witzig, ironisch oder sarkastisch und pointiert reden, uns mit klugen Bemerkungen zum Nachdenken, mit sprachlich brillanten Formulierungen zum Staunen bringen. Wir langweilen uns schnell, wenn uns ein Schwätzer belehren will, langatmig und trocken doziert und alles besser weiß. Wir mögen es sehr, wenn wir uns selbst ein Urteil bilden können, wenn jemand uns lebendige und anschauliche Szenen schildert, aus denen wir selbst Schlussfolgerungen ableiten können, wenn wir die Emotionen der Beteiligten spüren können.

Stellt der Erzähler seine eigene Geschichte vor, erlebt der Leser mit ihm zusammen das Geschehen, identifiziert sich vielleicht sogar mit ihm. Diese große Nähe macht den besonderen Reiz der Ich-Perspektive aus. Sind wir doch auch im Alltag wesentlich aufmerksamer und emotional beteiligter, wenn jemand sagt: „Stell dir vor, was mir passiert ist", als wenn er die Geschichte einer Person erzählt, die wir möglicherweise nicht einmal kennen. Aber die Sicht eines Individuums ist begrenzt, wie wir selbst wissen.

Der Autor allerdings hat die Möglichkeit, diese Grenze zu überwinden. Das macht die Faszination des fiktionalen Schreibens aus. Der Autor kennt die Gedanken und geheimen Wünsche aller seiner Figuren, weil er sie selbst erfunden hat. Er kann in alle Köpfe schauen und er entscheidet, mit welchen Kompetenzen er den Erzähler ausstattet. Als Faustregel gilt: Je mehr sich der Erzähler in den Vordergrund drängt, desto größer ist die Distanz des Lesers zu den Figuren. Der Leser folgt dann dem Erzähler, weniger den Figuren. Einen vielleicht sogar allwissenden Erzähler zu installieren, der die Leser bei Laune hält, setzt große Stilsicherheit und die Beherrschung der erzählerischen Mittel voraus. Einfacher, und deshalb für Debütanten empfehlenswerter, ist die so genannte personale Erzählperspektive, die im modernen Unterhaltungsroman dominiert. Das bedeutet, der Erzähler selbst hält sich im Hintergrund, bleibt weitgehend unsichtbar. Er berichtet vielleicht notwendige Fakten, beschreibt den Schauplatz der Handlung, schildert aber ansonsten die Welt so, wie die Hauptfigur sie wahrnimmt. Der Leser folgt also dieser Figur durch die Geschichte, kommt ihr relativ nahe, hat an ihrem Denken und Handeln Anteil. Wenn sich ein Autor für eine solche personale Erzählperspektive entscheidet, ist es falsch, mittendrin plötzlich die Gedanken einer anderen Figur wiederzugeben. Der Leser ist irritiert und wird aus seinem inneren Film gerissen.

Allerdings kann es sein, dass nicht eine, sondern zwei oder drei Figuren im Mittelpunkt der Handlung stehen, dass der Autor sie alle drei in ihrem Denken und ihrer Handlungsmotivation zeigen möchte. Kein Problem: Erzählt wird in diesem Fall einfach mehrperspektivisch, ein Kapitel aus der Sicht von A, eines aus der Sicht von B, eines aus der Sicht von C oder ein Absatz aus der Sicht von A, einer aus der Sicht von B ... oder ein Satz ... Möglich ist vieles, es sollte aber als Prinzip irgendwann bei der Lektüre erkannt werden.

Deshalb sollten Sie, bevor Sie zu schreiben beginnen, überlegen: Welche Aufgabe soll der Erzähler haben? Wie viel Mitspracherecht bekommt er? Welches sind die Perspektivfiguren? Welche Struktur wählen Sie? Damit haben Sie Ihre Regeln für diesen Erzähltext aufgestellt und können bei der Überarbeitung kontrollieren, ob Sie versehentlich davon abgewichen sind. Wenn in der Abweichung nicht das bessere Prinzip erkennbar ist, dann sollte sie korrigiert werden.

5. Tipps für Kurzgeschichten

„Plötzlich wachte sie auf. Es war halb drei. Sie überlegte, warum sie aufgewacht war." Erinnern Sie sich an diesen Anfang? Er gehört zu der Kurzgeschichte *Das Brot* von Wolfgang Borchert, die jahrzehntelang in Schullesebüchern ihren festen Platz hatte. Ein perfekter Auftakt: drei Sätze, in denen kein Wort zu viel ist und in denen trotzdem Spannung aufgebaut wird. Karg sind die Gestaltungsmittel auch im weiteren Verlauf: Aus einem Schauplatz, zwei namenlosen Personen und ein paar Scheiben Brot baut Borchert eine Geschichte über Liebe, Lüge und Scham, die beinahe so viel aussagt wie ein Roman von ein paar Hundert Seiten. Es war sicher kein Zufall, dass die Blütezeit der deutschen Kurzgeschichte als eigenständiger literarischer Form in die Jahre nach dem Zweiten Weltkrieg fiel. Als ob man in dieser entbehrungsreichen Zeit keine unnötigen Worte machen wollte.

Otto Schumann hat die Kurzgeschichte ein „geschriebenes Blitzlicht" genannt. Als ein Stück „herausgerissenes Leben" bezeichnete Wolfdietrich Schnurre sie. Ohne Umschweife oder langatmige Einleitung leuchtet der Autor für einen kurzen Moment in ein Leben hinein. Für ein weiteres ganz entscheidendes Merkmal hat wiederum Schumann ein sehr anschauliches Bild gefunden: Die Kurzgeschichte gleiche einem Eisberg. Im Text wird nur die Spitze sichtbar, der große, bedeutsamere Teil schwimme unter der Oberfläche. Wenn Sie an Borcherts Text denken: Auf der Oberfläche geht es um eine heimlich gegessene Scheibe Brot, doch darunter verbirgt sich die tief greifende Krise eines lange verheirateten Paares, die durch das Hungern sichtbar wird. Eine Kurzgeschichte ist also nicht einfach nur eine kurze Geschichte. Damit sie zündet, sind Reduktion und Komprimierung auf allen Ebenen vonnöten. Im Extrem geht es darum, in einer einzigen Handlungssequenz oder Szene einen existenziellen Konflikt, eine Entscheidung oder eine Erkenntnis zu zeigen. Eine Pointe kann, muss aber nicht sein. Moderne Kurzgeschichten kommen oft ohne aus. Meister der deutschen Kurzgeschichte sind zum Beispiel Wolfgang Borchert, Wolfdietrich Schnurre oder Ilse Aichinger. Der Schweizer Peter Bichsel hat wunderbar lapidare Kurzgeschichten verfasst und von den amerikanischen Autoren gilt Raymond Carvers Band mit Short Storys *Würdest du bitte endlich still sein, bitte* als exemplarisch.

Eine uneingeschränkte Buchempfehlung kann ich Ihnen nicht geben. In Jack M. Bickhams Buch *Short Story* geht es entgegen dem Titel um allgemeinere Schreibverfahren, zudem ist es nicht mehr lieferbar. Noch immer mit Gewinn lesen lässt sich dagegen Otto Schumanns Kapitel zur Kurzgeschichte in seinem 800-Seiten-Buch *Grundlagen und Techniken der Schreibkunst*, das zuerst wohl um 1950 erschienen ist. Thomas Mann soll sich noch lobend über das Standardwerk geäußert haben, das nicht nur Kurzgeschichte, Roman und Lyrik, sondern auch das Schreiben für Hörfunk, Theater und Film behandelt. Manches ist inzwischen natürlich überholt, auch dem Stil, in dem über das „edle Handwerk" des Schreibens berichtet wird, merkt man das Alter an, doch die grundsätzlichen Aussagen sind von erstaunlicher Aktualität.

6. Mit allen Sinnen schreiben

Viele Menschen glauben, um fiktionale Texte verfassen zu können, sei eine besondere Einbildungskraft erforderlich. „Ich würde ja gerne schreiben, aber ich habe leider überhaupt keine Fantasie", höre ich immer wieder. Ein Irrtum. Über die Fähigkeit, lebendig und authentisch zu erzählen, entscheidet nicht das „Ausdenken", sondern das bewusste Wahrnehmen und die Erinnerung an Wahrgenommenes. Das gilt für realistische Literatur in gleicher Weise wie für fantastische. Beobachten Sie Menschen, Landschaften, Straßen und Häuser, und Sie werden Stoffe, Handlungen, Charaktere und Schauplätze in Hülle und Fülle finden. Für die Geschichte, an der Sie gerade arbeiten, für die nächste und die übernächste. Nutzen Sie alle Sinne, nicht nur den Sehsinn, sondern auch die vier anderen: Hören, Riechen, Schmecken und Tasten. Halten Sie Ihre Beobachtungen in einem Notizbuch fest, das Ihr ständiger Begleiter sein sollte.

Allerbeste Gelegenheiten zum Üben bietet der Urlaub. Fern von der Hektik des Alltags können Sie sich ganz und gar auf Ihre Wahrnehmungen konzentrieren und damit übrigens auch das Erleben selbst intensivieren. Als Schriftstellerin fixieren Sie Bilder und Impressionen nicht mit dem Fotoapparat, sondern mit Wörtern. Sie werden erstaunt sein, welcher Fülle an Sinneseindrücken Sie in jeder Minute Ihres Lebens ausgesetzt sind. Achten Sie zum Beispiel auf die Geräusche, die an Ihr Ohr dringen, während Sie sich am Pool sonnen. Oder beim Strandspaziergang: Wie lässt sich das Gefühl beschreiben, das sich einstellt, wenn der Wind über Ihr Gesicht streicht? Welchen Geschmack hat die Luft? Und welches Geräusch macht das Watt: schmatzt es, schlürft es, gluckst es? Sinnen Sie nach über Ihre Wahrnehmungen und Empfindungen und über die Begriffe, mit denen sie sich beschreiben lassen. Dann werden Sie mit einem prall gefüllten Notizbuch voller Sprachskizzen an den heimischen Schreibtisch zurückkehren. Und irgendwann, wenn die Heldin Ihres Romans vielleicht bei Ebbe durch den Schlick läuft, wird es Ihnen ganz leichtfallen, die passenden Wörter für dieses Tun zu finden.

7. Spannende Dialoge

Natürlichkeit lautet eine der Forderungen an den Dialog. Obwohl die meisten Autoren das wissen, wirken ihre Dialoge trotzdem oft gestelzt. Oder langweilig. Das Missverständnis: Natürlichkeit wird mit Alltäglichkeit gleichgesetzt. „Wie geht es dir?" – „Danke, muss ja, und selbst?" – „Auch gut!" – „Was machst du heute Abend?" – „Mal sehen." ... Sie merken schon: Seitenlang kann dieser Dialog noch weitergeführt werden. So wie im ganz normalen Alltag eben. Aber wer will das lesen? Niemand! Ein solcher Dialog ist langweilig, ermüdend, banal.

Das „Geheimnis des gelungenen Dialogs" enthüllt Sol Stein in seinem Ratgeber *Über das Schreiben*. Es zähle nicht, was gesagt wird, sondern die Wirkung. Ein gelungener Dialog zeichne sich durch Spannung oder Geheimnis aus. Er sage etwas aus über das Verhältnis der Akteure zueinander und führe zu einer Veränderung ihrer Beziehung. Der Trick, um diese Effekte zu erreichen, liege – so Stein – in der Indirektheit. Indirekt ist ein Dialog, wenn eine Frage nicht direkt beantwortet wird, sondern vom Erwarteten abweicht. Wenn also auf die Frage „Wie geht es dir?" nicht die übliche Antwort „Danke gut, und selbst?" folgt, sondern zum Beispiel: „Oh, tut mir leid, ich habe dich nicht gesehen." Warum sagt jemand, er habe den anderen nicht gesehen? Rechtfertigung? Ablenkung? Schon sind Sie neugierig geworden.

Im indirekten Dialog steht vieles zwischen den Zeilen. Dadurch wird eine besondere Spannung und Atmosphäre zwischen den Sprechenden erzeugt. Dazu trägt auch die Ergänzung des Dialogs durch Beschreibungen, Wahrnehmungen, Handlungen,

Mimik und Gestik bei. Meine Lieblingsdialoge finde ich oft bei Ralf Rothmann. Zum Beispiel diesen aus der Erzählung *Stahl* (aus: *Ein Winter unter Hirschen*, 2001). Zur Erläuterung: Der Icherzähler ist ein Mann, Lisbeth die Nachbarin.

„Ich harkte das Laub vom Rasen [...] und als ich einen schönen Haufen zusammengekratzt hatte, kam Lisbeth auf den Balkon. Sie trug ihren blauen Hosenanzug, einen Rolli und Ohrclips aus Perlmutt, und ich sagte: ‚Donnerwetter! Gehst du aus?‘ – ‚Ach was.‘ Sie roch nach Haarspray oder Kölnisch Wasser. ‚Muß die Sachen mal auftragen. Willst du ’n Bier?‘ – ‚Danke.‘ Ich war natürlich ins Schwitzen gekommen. ‚Aber wenn du ’ne Fanta hättest ...‘ – Sie grinste, schob den Vorhang, die bunten Plastikbänder, zur Seite und sagte: ‚Klar doch. Mit oder ohne Schuß?‘“

Ein ganz alltäglicher Dialog, so scheint es. Aber was da alles zwischen den Zeilen steht! Ich habe meine Zweifel an der Glaubwürdigkeit von Lisbeths Antwort, sie müsse den Hosenanzug und die Ohrclips auftragen. Ein typischer indirekter Dialog: Frage und Antwort bedeuten mehr und anderes als das Gesagte. Er macht ihr ein verstecktes Kompliment, sie gibt nicht zu, dass sie ihm gefallen will. Er scheint übrigens ein komischer Kauz zu sein: ein Mann, der kein Bier trinkt. Warum wohl nicht? Das Milieu scheint doch eher bodenständig zu sein. Darauf deuten die bunten Plastikbänder hin. Überhaupt: In welchem Verhältnis stehen die beiden zueinander? Warum harkt er den Rasen? Dieser Dialogausschnitt wirft mehr Fragen auf, als er beantwortet. Sie müssen weiterlesen, wenn Sie erfahren wollen, was die beiden verbindet. Sie werden weiterlesen. Neugierig und erwartungsvoll. Ein Stück Literatur hat seinen Zweck erreicht.

8. Namenlose Helden?

„Eine dunkle Gestalt ging die Straße hinunter. Schwarze Augen blitzten aus ihrem bleichen Gesicht ...“ – So könnte eine Erzählung oder ein Roman beginnen. Und es könnte passieren, dass der Leser Seite um Seite die „dunkle Gestalt“ begleitet, bis irgendwann – auf Seite zwanzig vielleicht oder noch später – der Autor mit einem Ruck das imaginäre Seidentuch von der geheimnisvollen Gestalt zieht und – Simsalabim – die Figur des sechzigjährigen Rentners Egon Müller enthüllt. Und der Leser? Zollt er dem Zaubertrick des Autors begeistert Beifall? Häufiger geschieht das Gegenteil, er fühlt sich betrogen. Nämlich dann, wenn er während der Lektüre keinen Rentner, sondern eine Blondine vom Typ Paris Hilton vor Augen hatte. Jetzt muss er feststellen, dass sein fiktionaler Traum mit der Romanwirklichkeit kollidiert. Vielleicht ist der innere Film aber auch erst gar nicht angelaufen, weil die Gestalt zu abstrakt blieb.

Mancher Autor scheint zu glauben, mit dem Verstecken der Figuren und ihrer Identität eine ganz besondere Spannung zu erzeugen, die den Leser in Bann zieht. Doch nur in den seltensten Fällen geht dieses Konzept auf. Seine Bedeutung mag es im Genre der Horrorgeschichte haben oder in einem Kriminalroman, in dem der Täter gezeigt, aber noch nicht identifiziert werden soll. Voraussetzung ist aber immer, dass der Autor sich der Wirkung bewusst ist. Soll der Leser von Beginn an die Hauptfigur durch die Geschichte begleiten, hat er ein Recht darauf, die Figur möglichst bald kennenzulernen, also ihren Namen zu erfahren und etwas über ihren Charakter, ihr

Verhalten, ihre Meinungen und Ansichten, vielleicht auch etwas über ihr Aussehen.

Wie verhält es sich mit namenlosen Figuren? Auch sie erschweren dem Leser die Vorstellung. Ihren Sinn haben Bezeichnungen wie „der Mann" oder „die Frau" dann, wenn der Autor seine Figuren nicht als Individuen, sondern als Typen oder den Menschen schlechthin verstanden wissen will. So bleibt zum Beispiel der Held in Philip Roths Roman *Jedermann*, der die Vergänglichkeit des menschlichen Daseins zum Thema hat, konsequenterweise namenlos. Eine Typisierung hat zuweilen auch in Kurzgeschichten ihre Berechtigung, wenn Figuren ausschließlich in einer bestimmten Rolle gezeigt werden sollen, „der Vater" etwa oder „die Bäuerin".

Von solchen, erzähltechnisch wohlbegründeten Ausnahmen abgesehen gilt die Empfehlung: Geben Sie Ihren Figuren Namen. Damit besitzt der Leser einen Schlüssel, mit dem er die Tür zu seinem fiktionalen Traum ganz einfach öffnen kann. „Georg von Heuken verläßt sein Haus kurz nach neun" oder „Apollon Apollonowitsch Ableuchow stammte aus vornehmem Geschlecht", das sind zwei Beispiele für Romananfänge, die sofort erste Umrisse einer Figur zeigen und den Leser neugierig machen, mehr über sie zu erfahren. Es muss nicht der erste Satz sein, aber irgendwo auf den ersten Seiten sollte der Name erwähnt werden. Klugen Autoren gelingt das selbst im etwas verzwickteren Fall eines Icherzählers, wenn auch nicht immer mit einem so grandiosen ersten Satz wie dem von Max Frisch: „Ich bin nicht Stiller."

9. Die Tücken des Vornamens

Ein Vorname sagt mehr als tausend Worte: Das stellten Psychologiestudenten aus Chemnitz fest, die für ihre Diplomarbeit die Wahrnehmung von Vornamen erforscht haben. Zentral ist die Wahrnehmung des Alters. Wer einen Namen hört, schließt sogleich auf das Alter des Namensträgers. Darüber hinaus lösen Vornamen Assoziationen über Attraktivität, Intelligenz und Religiosität des Namensträgers aus. Die Forscher unterscheiden altmodische Namen wie Birgit oder Torsten, Modenamen wie Kevin oder Laura und zeitlose Namen wie Anna oder Michael. Ein Ergebnis der Untersuchung: Moderne Namen signalisieren in stärkerem Maße Attraktivität als solche, die als altmodisch bewertet werden. Und: Wer als attraktiver gilt, wird auch als intelligenter eingeschätzt. Andere Studien führen weitere interessante Beobachtungen an: Während in England eine Susan oder ein David die besten Karrierechancen haben soll, dürfte in Deutschland einer Jacqueline oder einer Jennifer der Aufstieg schwerer fallen, weil ihre Namen mit der sozialen Unterschicht in Verbindung gebracht werden.

Das heißt für Sie, dass Sie schon mit der Wahl der Vornamen Ihrer Figuren die Vorstellung des Lesers bewusst oder unbewusst in eine ganz bestimmte Richtung lenken. Soll die Figur möglichst „normal" erscheinen, empfiehlt sich ein zeitloser Name. Exzentrische Personen brauchen dagegen exzentrische Namen. Außerdem kann man mit Kontrasten arbeiten, indem man zum Beispiel einer schüchternen, stillen Person einen bombastischen Namen gibt oder umgekehrt. Ganz wichtig aber ist, dass der Name zum Alter passt. Doch welche Namen waren im Geburtsjahr Ihrer Helden aktuell? Diese und zahlreiche weitere Fragen zur Vornamengebung beantwortet die wunderbare Internetseite www.beliebte-vornamen.de. Eine (bislang noch) kostenlos zu nutzende Seite, die eine Fülle von Informationen für die Namensuche bietet, vor allem Ranglisten der beliebtesten Vornamen von 1890 bis heute! Sie können also jeden Vornamen haargenau passend zum Geburtsjahr Ihrer Protagonisten aussuchen. Zu vielen Namen gibt es Bedeutungserklärungen und Statistiken. Sie erfahren zum Beispiel, dass Adolf einer der beliebtesten Vornamen in der ersten Hälfte des 20. Jahrhunderts war, der aber (aus guten Gründen) nach 1942 ziemlich abrupt aus den Hitlisten verschwand. Kevin tauchte erst um 1990 auf, Mika erst nach 2000, während Anna in allen Ranglisten seit 1890 vertreten ist, wenn auch im steten Auf und Ab. Darüber hinaus bietet die Seite Listen mit seltenen Vornamen, mit internationalen Vornamen und mit Doppelnamen. Eine Fundgrube für jede Namensuche, die nur einen Nachteil hat: Man gerät in Gefahr, die Recherche so weit auszudehnen, dass das Schreiben zu kurz kommt.

10. Passende Nachnamen suchen

Sie als Autorin oder Autor haben es besser (oder vielleicht auch schlechter) als Eltern, bei denen der Stress beendet ist, wenn für den Sprössling endlich die Vornamen gefunden wurden, die Glück, Reichtum und Erfolg versprechen, zum Familiennamen passen und bei niemandem negative Erinnerungen wecken. Sie dürfen (und müssen) Ihre Geschöpfe in der Regel außerdem mit einem Nachnamen ausstatten. Dabei sind teilweise ganz andere Dinge zu bedenken als bei der Wahl der Vornamen. Ob der Familiennamen überhaupt eine größere Rolle spielt, ergibt sich zum einen aus der Erzählperspektive. Ein Icherzähler wird in der Regel nur von anderen angeredet, wenn er nicht über die merkwürdige Angewohnheit verfügt, sich selbst beim Namen zu nennen („Gudrun Meier, sagte ich neulich zu mir ...“). Beim personalen Erzählen stellt sich dagegen die Grundfrage, ob der Erzähler mit den Figuren per Du oder per Sie ist. Üblich ist das Duzen, aber es gibt auch Erzähler, die eine Distanz zu ihrer Hauptfigur erzeugen, indem sie sie mit ihrem Nachnamen anreden.

Wie bei den Vornamen gibt es auch bei den Nachnamen solche, die relativ neutral wirken. Es sind zugleich die in Deutschland verbreitetsten Namen, abgeleitet aus Berufen wie Schmidt, Meier, Kaufmann, Wohngegenden wie Berg, Busch, Wiese oder besonderen Merkmalen wie Klein, Dick, Schwarz. Mit einem solchen Familiennamen fallen Ihre Figuren nicht weiter auf, wirken aber möglicherweise auch recht blass. Herr Meier oder Frau Müller – das klingt fast immer nach braver Bürgerlichkeit, Häkeldeckchen und Gartenzwergen. Interessante Personen sollten auch interessante Namen haben, vor allzu bombastischen Konstruktionen sei jedoch gewarnt, denn sie können leicht unfreiwillig komisch wirken. Namen wie Schneppensiefen oder Schwammkrug passen schlecht zu Gestalten, die vom Leser ernst genommen werden sollen.

Zu berücksichtigen sind auch regionale Bezüge: Einen Max Huber denkt man sich nach Bayern, einen Jupp Kleefisch nach Köln. Aus Ortsbezeichnungen abgeleitete Namen weisen auf die jeweilige Region: Reifferscheidt oder Monschau zum Beispiel auf die Eifel. Wenn Xaver Pichlmayr in Hamburg lebt, so ist das zumindest erklärungsbedürftig.

Mit einem Doppelnamen versuchen sich zum einen die zahllosen Schmidts und Schulzes von der Masse abzugrenzen (Schulze-Olden), zum anderen tragen ihn häufig emanzipierte Frauen (Gürges-Klopottek), die zwischen 1970 und 1990 geheiratet haben. Bei Autoren beliebt sind sprechende Namen, die zugleich auf ein Merkmal der Figur verweisen oder eine besondere Stimmung erzeugen. So heißt der Besitzer einer Schreinerei vielleicht Säger, ein besonders mutiger (oder besonders schüchterner) Mensch trägt möglicherweise den Namen Unverzagt, und ganz gewiss nicht zufällig taufte Thomas Mann die geheimnisvolle Russin im *Zauberberg* Madame Chauchat („heiße Katze"). Mit Namen wie Clarissa Lichtblau oder Gabriele Klöterjahn werden Sympathie oder Antipathie erzeugt.

Und schließlich laden manche Nachnamen auch dazu ein, Bezüge zum Sozialstatus herzustellen. So vermutet man bei Kaczmarek oder Kowalski eine eher proletarische Herkunft, bei Charlotte von Hohenfels eine elegante Erscheinung aus dem Adel. Gern spielen Autoren auch mit Eigennamen, verstecken sich etwa wie Klaus Modick in seiner Hauptfigur Lukas Domcik oder verweisen schon mit dem Namen der Figur auf deren Leidenschaft, wie der Spieler mit Namen Releips, den die Teilnehmerin eines Seminars erfand.

Für Familiennamensucher sind Telefonbücher, Lokalzeitungen oder Spaziergänge über Friedhöfe gute Hilfsmittel. Cornelia Funke tauft ihre Fantasiewesen oft mit Namen, die sie in Pflanzenführern findet. Es empfiehlt sich, besondere Namen im Notizbuch zur späteren Verwendung festzuhalten. Mehr über Familiennamen, ihre Bedeutung und Herkunft erfahren Sie im DUDEN *Familiennamen* von Rosa und Volker Kohlheim, in dem 20.000 der in Deutschland bekannten rund 500.000 Familiennamen vorgestellt werden. Über die Vor- und Familiennamen im deutschen Sprachgebiet informiert auch der *dtv Atlas Namenkunde* von Konrad Kunze.

11. Adjektive: Schmuck oder Ballast?

Schmückende Beiwörter, so hießen die Adjektive damals im Aufsatzunterricht, und damit ist ihre vornehmste Aufgabe beschrieben: Substantive aufzurüschen. Vor allem wenig erfahrene Autoren neigen dazu, ihre Texte nach dem Motto „Viel hilft viel" großzügig auszuschmücken und jedem Substantiv mindestens ein Adjektiv voranzustellen, um so vermeintlich die literarische Qualität zu steigern. Schwer einzusehen, warum Stilratgeber vor diesen Preziosen warnen: „Häufen Sie nicht die Eigenschaftswörter" (Ludwig Reiners) oder „Weg mit den Adjektiven" (Wolf Schneider). Nun, zum einen blähen sie einen Text auf, machen ihn lang, zuweilen langatmig. Schwerer noch wiegt, dass sie so bequem sind, weshalb der eilige Autor sie schätzt. Schreiben ist anstrengend genug. Warum soll man sich damit aufhalten, viele Sätze über das Kleid der Hauptfigur zu vergeuden, wenn man doch ganz einfach schreiben kann: „Sie trug ein wunderschönes Kleid." Dann weiß doch jeder, was gemeint ist. Wirklich? Eben nicht. Wie sieht ein wunderschönes Kleid aus? Das ist eine Geschmacksfrage, auf die es zahllose Antworten geben kann: Ist es ein langes Abendkleid aus Samt; ein Etuikleid, das jede Körperlinie betont; ein Kleid aus Rüschen und Spitzen; ein streng geschnittenes Designerkleid? Manchmal argumentieren Autoren, sie hätten das bewusst offengelassen, so könne jeder Leser seine eigenen Vorstellungen von dem Kleid entwickeln. Wenn das so ist, ist das Aussehen des Kleides beliebig, und dann ist es überflüssig, es überhaupt zu erwähnen. Ein Weiteres kommt hinzu: Mit Werturteilen behauptet der Autor Dinge. Ich als Leser möchte mir aber selbst ein Urteil über das Kleid bilden. Und dazu muss der Autor es mir zeigen!

Ein erstaunliches Phänomen ist für mich die Fehleinschätzung des eigenen Adjektivgebrauchs. Wer mich kennt, weiß, dass ich gern und oft Mäßigung predige. Und dann spüre ich in meinen Texten selbst bei der dritten Überarbeitung noch zahlreiche überflüssige Kandidaten auf. Wie schätzen Sie sich ein? Machen Sie den Adjektiv-Check (nach Andreas Eschbach). Nehmen Sie sich einen Text oder einen Textausschnitt von etwa drei Seiten. Markieren Sie alle Adjektive, und zwar ganz mechanisch, ohne darüber nachzudenken, welche nötig sind. Sehen Sie sich das Ergebnis an: Stimmt es mit Ihrer Selbsteinschätzung überein? Oder sind auch Sie von der Fülle überrascht? Betrachten Sie jetzt jedes Adjektiv für sich und entscheiden Sie, ob Sie es wirklich brauchen. Versuchen Sie etwa ein Viertel bis die Hälfte zu streichen. Berücksichtigen Sie folgende Kriterien: Verzichten sollten Sie auf Pleonasmen wie „schwarzer Rabe" oder „lautes Getöse" und Ergänzungen, die Selbstverständliches wiederholen: „Sie lächelte glücklich." Vorsicht geboten ist bei stereotypen Kombinationen, die sich durch millionenfachen Gebrauch verschlissen haben: die „linden Lüfte", der „plätschernde Bach", das „liebende Herz". Suchen Sie nach neuen, unverbrauchten Wörtern, wenn Sie nicht auf ein Attribut verzichten wollen. In anderen Fällen ist vielleicht ein Substantiv oder ein Verb aussagestärker und konkreter: statt „schlechter Handwerker" besser „Stümper", statt „leise reden" eher „flüstern". Das „kindliche Spiel" lässt sich in „Kinderspiel" verwandeln, „der schöne Mann" in einen „Schönling".

Wenn es um Unterscheidung geht („der große Mann dort", „die alte Frau", nicht die junge), um Abgrenzung („sie zog das rote Kleid an", nicht das grüne), Modifikation („Sie lächelte traurig") oder eine besondere Qualität („das zerknitterte Kleid"), erfüllen Adjektive wichtige und teilweise unersetzliche Funktionen. Und schließlich gibt es Adjektive, die eine spezielle Stimmung erzeugen, vor allem in der Lyrik („ein knöchern Grauen", „vergilbter Glanz", Trakl). Bei ihrer Verwendung empfiehlt es sich, nach dem Motto „Weniger ist mehr" zu verfahren.

Noch mehr Erkenntnis bringt folgende Methode: Streichen Sie aus einem Text alle Adjektive, am besten mithilfe der *Word*-Funktion ÄNDERUNGEN NACHVERFOLGEN. Drucken Sie den Text aus und vergleichen Sie ihn mit der Ursprungsfassung. Lesen Sie sich beide Versionen laut vor. Achten Sie auf die Unterschiede in Rhythmus und Tempo. Fügen Sie dann wieder die Adjektive ein, die notwendig sind. Es sollten deutlich weniger sein als zuvor.

12. Streichen ohne Verlust: Korrekturen mit Word

Der Computer hat das Schreiben, vor allem aber das Ändern von Texten unglaublich vereinfacht. Nur ein paar Tasten drücken und schon ist ein Absatz gelöscht, ein Satz verschoben, ein Wort eingefügt. Doch manchmal erweist sich der Vorteil als Nachteil. Zum Beispiel, wenn sich Zweifel einstellen: War die erste Version nicht doch die bessere? Pech gehabt. Sie ist auf Nimmerwiedersehen verschwunden. Hat man stundenlang an einer Formulierung gedrechselt, fällt es oft schwer, auf ENTFERNEN zu drücken, auch wenn der Verstand sagt: taugt nichts, weg damit. In diesen und ähnlichen Fällen bietet es sich an, die Überarbeitungsfunktion zu nutzen. Sie verbirgt sich im Menü von *Word* unter ÜBERPRÜFEN (ältere Versionen: EXTRAS) ÄNDERUNGEN NACHVERFOLGEN. Wenn sie aktiviert ist, bleiben alle Änderungen im Dokument erhalten. Sie haben die Möglichkeit, sich den korrigierten Text auf dem Monitor und/oder im Ausdruck anzusehen, in Ruhe auf sich wirken zu lassen und dann zu entscheiden, ob Sie die Änderungen endgültig übernehmen oder zur ursprünglichen Fassung zurückkehren möchten. Diese Funktion erleichtert auch die Arbeit mehrerer Leser an einem Text ganz wesentlich. Jeder fügt seine Änderungsvorschläge in einer anderen Farbe ein, der Autor entscheidet am Ende, was er davon akzeptiert.

Inzwischen gibt es *Papyrus Autor*, ein Textverarbeitungsprogramm mit komfortablen Funktionen zur Änderungsverfolgung und Korrektur, das speziell auf die Schreibbedürfnisse von Autoren hin konzipiert ist. Informationen dazu finden Sie unter www.papyrus.de oder www.andreaseschbach.de.

Erste Schritte

auf dem Literaturmarkt

13. Teilnahme an Wettbewerben

Wie kann man Fuß fassen auf dem Literaturmarkt, auf sich und sein Werk aufmerksam machen und vielleicht neben Ehre und Ruhm auch noch Geld verdienen? Ganz einfach: Indem man sich an literarischen Wettbewerben beteiligt. Es gibt in Deutschland eine ganze Reihe von Literaturpreisen, Wettbewerben und Stipendien, Tendenz leider fallend. Städte, Länder, Kulturinstitutionen und Unternehmen treten als Veranstalter auf. Allerdings: Nicht um jeden Preis kann man sich selbst bewerben. Die renommiertesten wie der Georg-Büchner- oder der Kleist-Preis werden für besondere Leistungen vergeben, die Preisträger von einer Jury bestimmt. Außerdem ist zu unterscheiden zwischen Wettbewerben, zu denen nur Autoren zugelassen sind, die bereits selbstständige Veröffentlichungen vorzuweisen haben, wobei Publikationen in Selbst- oder Zuschussverlagen nicht zählen, und solchen, die sich ausdrücklich an junge Autoren richten, womit Autoren gemeint sind, die erst am Beginn ihrer Schriftstellerlaufbahn stehen.

Für jeden Wettbewerb gelten besondere Bedingungen. Üblich sind Vorgaben zur Gattung, zum Thema, zum regionalen Bezug und zum Umfang. Außerdem gelten oft Einschränkungen im Hinblick auf Geschlecht, Alter oder Wohnort des Bewerbers. Ganz wichtig: Lesen Sie sich den Ausschreibungstext genau durch und halten Sie die Forderungen in jedem Fall ein! Ist als Höchstalter 35 Jahre festgesetzt, gibt es keine Ausnahmen für 36-Jährige. Wenn es um die Gattung der Kurzgeschichte geht, haben Gedichte, Essays oder Dramen keine Chance, egal wie gut sie geschrieben sind.

Auch die Angaben zum Umfang sollten Sie sehr ernst nehmen. Wenn die Höchstgrenze bei 6.000 Zeichen liegt (immer inklusive der Leerzeichen), kann die Jury einen Text mit 6.002 Zeichen nicht berücksichtigen. Im Zweifelsfall wird tatsächlich nachgezählt.

Doch auch wenn diese Angaben alle passen, wenn Ihnen zum Thema etwas einfällt, wenn Sie sich also beteiligen könnten, sollten Sie sich noch einige weitere Gedanken darüber machen, ob Sie sich wirklich beteiligen wollen. Wie attraktiv ist der Preis? Prima sind natürlich Geldpreise, auch ein Laptop oder ein Auto sind reizvolle Gewinne. Doch wie ist es, wenn Sie für ein Preisgeld von vielleicht 50 Euro das Recht an Ihrem Text ganz verlieren sollen? Wie viel bringt Ihnen die „Einladung" zu einer Lesung, wenn Sie die Anreisekosten selbst tragen sollen? Wie attraktiv ist der Gewinn eines Büchergutscheins eines gänzlich unbekannten Kleinstverlages oder die Beteiligung an einer Anthologie mit der Verpflichtung, eine bestimmte Menge der Bücher kaufen zu müssen? Hier sollten Sie sich fragen, ob Ihre schriftstellerische Leistung und der mögliche Gewinn in der richtigen Relation zueinander stehen. Noch kritischer wird es, wenn Sie für die Teilnahme zahlen sollen. Oft sind es nur 10 oder 15 Euro, die nicht wirklich wehtun. Für den Veranstalter kommt allerdings ein nettes Sümmchen zusammen, wenn Sie bedenken, dass drei- bis achthundert Einsendungen keine Seltenheit sind. Und wer überprüft, ob die Preise später wirklich vergeben werden?

Wenn aber alle Bedingungen in Ordnung sind, bleibt schließlich noch eine nicht zu unterschätzende Hürde: Die Chancen auf einen Gewinn sind meist aufgrund der großen Teilnehmerzahl verschwindend gering. Trotzdem, Sie selbst gewinnen in jedem Fall: Sie machen Schreiberfahrungen, sind gezwungen, Texte abzuschließen und einer (wenn auch zunächst beschränkten) Öffentlichkeit zur Beurteilung zu überlassen – ein wichtiger Schritt zur professionellen Autorschaft.

Und niemand kann Sie hindern, später aus den abgelehnten Beiträgen selbst einen Sammelband zu gestalten.

14. Lesefutter für Brötchenkäufer

Möchten Sie in einer Auflage von 12.000 oder 13.000 Exemplaren publizieren? „Lesefutter" macht es (vielleicht) möglich. Was das ist? Dahinter verbirgt sich das ebenso originelle wie bestechende Projekt, Brötchentüten mit guter Literatur zu bedrucken, also zum Frühstück gleich die Lektüre mitzuliefern. Verteilt werden die Tüten vor allem in Bio- und Naturkostläden, aber auch in Buchhandlungen. Was bedeutet das für Sie als Autorin oder Autor? Die seriöse Möglichkeit, etwas zu veröffentlichen. Gesucht werden Texte von konventionell bis experimentell. Geschichten, kurze literarisch-feuilletonistische Beiträge, Sprachspielereien, Kinder- und Jugendgeschichten, experimentelle Texte, Lyrik und manches mehr ...

Nicht gewünscht sind verständlicherweise Themen und Gattungen, die auf den Magen schlagen können: Grusel, Horror oder resignativer Zynismus haben keine Chance.

Natürlich ist der Umfang (wie die Tüte) begrenzt: Höchstens 1.800 Zeichen sollten es sein. Dazu eine Kurzbiografie von maximal 250 Zeichen. Bewerben können Sie sich mit höchstens drei Texten, die Sie an texte@lesefutter.org schicken. Ein Honorar gibt's auch. Wählen Sie Ihre Beiträge kritisch aus und werfen Sie zuvor vielleicht einen Blick auf die bereits publizierten Texte, die Sie auf der Homepage (www.lesefutter.org) nachlesen können. So bekommen Sie ein Gespür dafür, welches Lesefutter den Tütenbedruckern schmecken könnte.

15. Vor- und Nachteile von Anthologien

„Anthologie, Sammlung von einzelnen, ursprünglich nicht zusammengehörigen Texten, [...] vorzugsweise [...] Gedichte oder andere kürzere Texte", schreibt Volker Meid im *Sachwörterbuch zur deutschen Literatur* und erklärt weiter, dass der griechische Begriff *anthologia* ebenso wie der lateinische Name *florilegium* im Deutschen „Blütenlese" bedeutet. Solche Blütenlesen haben eine besondere Bedeutung für Autoren am Beginn ihrer Laufbahn. Denn sie bieten neben den Literaturzeitschriften eine weitere Möglichkeit zur Publikation, wenn die eigenen Texte noch keine Bücher füllen.

Anthologie-Projekte listet der Uschtrin-Verlag auf seiner Website, meist sind es Klein- und Kleinstverlage, die auf diese Weise Werbung und Geschäft miteinander verbinden. Auch bei manchem Wettbewerb winkt als „Preis" die Aufnahme des Beitrags in einen Sammelband. Die Vorteile liegen auf der Hand: Sie können eine Veröffentlichung nachweisen, haben Buchgeschenke für Familie, Freunde und Bekannte und sind auf Ihrem Weg zur etablierten Autorin einen weiteren Schritt vorangekommen.

Wenn Sie also irgendwo ein Projekt zu einem Thema entdecken, das Sie interessiert, nur zu! Schreiben, abschicken, warten, sich nicht zu viele Hoffnungen machen – Sie kennen das Spiel. Trotzdem: Eine gewisse Skepsis sollten Sie sich auch hier bewahren. Es gibt Verlage, bei denen das Niveau einfach nicht stimmt. Das zu überprüfen, fällt nicht immer leicht. Buchhandlungen führen solche Bücher in der Regel nicht. Bleibt nur, sich auf der Homepage der Verlage oder – noch besser

– am Stand auf der Buchmesse umzuschauen oder einen bereits erschienenen Titel zu kaufen. Fragen Sie sich selbstkritisch, ob Sie in diesem Verlag publizieren möchten. Denn ein Buch in schlechter Ausstattung, gedruckt auf billigem Papier, angefüllt mit fehlerhaften Texten minderer Qualität mag man möglicherweise nicht einmal verschenken.

Mit einem Honorar können Sie in den seltensten Fällen rechnen. Vorsicht ist immer dann geboten, wenn Sie selbst Geld zahlen sollen. Meist wird dieses Ansinnen elegant umschrieben: Da wird eine Teilnahmegebühr erhoben, die Abnahme einer bestimmten Anzahl von Exemplaren gefordert oder es wird Ihnen nahegelegt, zuvor ein Gutachten erstellen zu lassen. So um die hundert Euro kommen da schnell zusammen, manchmal auch mehr. Überlegen Sie genau, ob es Ihnen das wert ist.

16. Feine Auftritte für Erzähltexte

Wer schreibt, wünscht sich Leser und Zuhörer für seine Texte. Das kann die beste Freundin sein oder der Ehemann, aber in der Regel möchte man Menschen, die man nicht kennt, mit seinen Texten berühren, begeistern, unterhalten oder informieren. Doch wo finden noch unbekannte Schreibende ihr Publikum? Zu empfehlen ist, zunächst im lokalen und regionalen Umfeld nach Möglichkeiten für Lesungen zu suchen und auf Publikationschancen in Literaturzeitschriften und Anthologien zu setzen. Allerdings: Nicht jede Veröffentlichung erweist sich wirklich als Gewinn auf dem Weg zur professionellen Autorschaft. Gerade bei Anthologien ist manchmal die Enttäuschung groß, wenn als Belegexemplar ein Machwerk mit niveaulosen Geschichten und schludrigem Layout im Briefkasten liegt. Die folgenden Projekte sind deutlich anders und können als Erfolg versprechende Schritte ins Literaturleben verstanden werden.

Sehr positiv überrascht hat mich das Büchlein *Lavendel & Zitronengras*, das der kleine, aber feine Verlag Stories & Friends herausgebracht hat. Ein in inhaltlicher wie gestalterischer Hinsicht überzeugendes Geschenkbuch mit Hardcover und Lesebändchen, in dem man sich gerne gedruckt sieht. Die Herausgeber planen weitere Anthologien. Wenn Sie sich beteiligen möchten, finden Sie alle weiteren Informationen unter www.stories-and-friends.com.

Ein echter Hingucker sind die zweimal pro Jahr erscheinenden großformatigen Hefte der Literaturzeitschrift *Macondo*. Geboten werden außergewöhnliche Texte und Fotografien in edlem Schwarz-Weiß-Layout. Bekannte und unbekannte Autoren finden hier eine Präsentationsform, die in der Literaturszene durchaus Beachtung findet. Jede Ausgabe des Magazins widmet sich einem bestimmten Thema, zum Beispiel „Augenblick" oder „Dreizehn". Weitere Informationen finden Sie unter www.die-lust-am-lesen.de.

Hinter *Die Rheinlese – Literatur im Fluss* verbirgt sich eine von Walter Waier und Andrea Verspohl ersonnene Literatur-Performance für Wasser, Wind, Gesang, Rhythmus, Bewegung, Licht und Musik. Jeweils im August findet eine Lesung in Köln-Rodenkirchen statt: Die Akteure lesen und spielen in schwarzen Anzügen auf Barhockern im Rhein. Das Publikum sitzt am Ufer unter den Weiden im Sand. Gesucht werden originelle Texte, gern auch mit Bezug zum Rhein, sowohl für die Lesung im Fluss als auch für weitere Literaturaktivitäten in Köln und darüber hinaus. Wenn Sie interessiert sind, nehmen Sie einfach Kontakt mit den Veranstaltern auf. Weitere Informationen gibt es unter www.rheinlese.de.

17. Auf zur Buchmesse?

Auf nach Frankfurt zur Buchmesse! Endlich Lektoren persönlich kennenlernen. Sie fragen, warum man noch immer keine Antwort aufs eingesandte Manuskript erhalten hat, oder das Manuskript direkt am Stand überreichen. Das spart Porto und man kann sogleich im Gespräch über die Absichten und Qualitäten seines Werkes Auskunft geben. Stopp! Ich bin mir sicher, Sie wissen es besser: Die Frankfurter Buchmesse ist der weltweit größte Marktplatz für Geschäfte mit Büchern und Lizenzen, für die Präsentation von Neuerscheinungen sowie die Pflege von Kunden und etablierten Schriftstellern. Sie ist kein Forum für Nachwuchsautoren!

Wer sich durch die überfüllten Gänge und Kojen drängt auf der Suche nach jemandem, der sich für sein Werk interessiert, läuft Gefahr, höchst frustriert nach Hause zu fahren. Oder an die falschen Verleger zu geraten. Denn es gibt tatsächlich Stände, wo man auf Sie wartet. „Autoren gesucht" steht da in großen Lettern oder „Autoren willkommen". Hier ist man begeistert von Ihrem Manuskript und möchte es gern drucken. Allerdings nur, wenn Sie selbst die Kosten dafür übernehmen! Es können schon mal schnell 10.000 Euro werden.

Also zu Hause bleiben? Nicht unbedingt. Auch wenn der Anblick der dort präsentierten 402.284 Titel (2008) bei sensiblen Gemütern durchaus Schreibblockaden zur Folge haben kann, ist ein Besuch der Buchmesse sinnvoll. Sie erhalten dort einen guten Überblick über den Markt und die Verlagsprofile, können die aktuellen Programmbroschüren einsammeln, den Literaturbetrieb hautnah erleben und sich über die Literatur des jeweiligen Gastlandes informieren. Und vielleicht entdecken Sie unter den zahlreichen kleineren Verlagen einige, zu denen Ihr Manuskript passt. Hier bestehen durchaus auch Chancen, miteinander ins Gespräch zu kommen. Ansonsten können Sie zu Hause mehrere Kilogramm Papier auswerten und anschließend ganz gezielt die Verlage ansprechen, die für die Publikation Ihres Werkes in Frage kommen.

Die Frankfurter Buchmesse findet stets im Oktober auf dem Messegelände (Ludwig-Erhard-Anlage) statt. Von Mittwoch bis Freitag sind nur Fachbesucher zugelassen, Samstag und Sonntag auch Privatbesucher. Weitere Informationen finden Sie unter www.buchmesse.de.

Im März findet jeweils die Leipziger Buchmesse statt, deren besonderer Reiz in dem riesengroßen Angebot an Lesungen besteht. Mehr als hundert Veranstaltungen am Tag, verteilt über die ganze Stadt, sind keine Seltenheit. Ansonsten ist alles etwas kleiner (2.100 Aussteller gegenüber 7.300 in Frankfurt), familiärer und weniger hektisch als in Frankfurt, was für die Anbahnung von Gesprächen durchaus von Vorteil sein kann. Informationen unter www.leipziger-buchmesse.de.

18. Klagenfurt oder Vom Umgang mit Kritik

Geht es Ihnen wie mir? Sie haben eine tolle Idee, schreiben Stunden und Tage, streichen und ändern, suchen nach dem treffenden Wort und der besten Formulierung und sagen sich irgendwann: Das ist er, der perfekte Text! Und dann trauen Sie sich endlich, den Text einem kritischen Leser zu geben oder im Schreibkurs vorzulesen. Was erwarten Sie? Vielleicht schon den einen oder anderen kleinen Hinweis auf eine Änderung, vor allem aber Lob, Lob, Lob. Nein, widersprechen Sie mir nicht, ich rede aus eigener Erfahrung. Und was hören Sie? Entweder ein pauschales „Toll!" oder Mäkeleien und Spitzfindigkeiten, die vor allem eines zeigen, dass die Leser oder Hörer Ihrer wunderbaren Erzählung oder Ihres tiefsinnigen Gedichtes nichts, rein überhaupt nichts verstanden haben. Die Folgen: Sie werden erst wütend, dann depressiv, bekommen eine Schreibblockade und sind beseelt von dem Wunsch, alles zu zerreißen, die Festplatte zu löschen, nie wieder auch nur eine Zeile zu schreiben. Und schließlich tröstet Sie der Gedanke: Wenn ich erst bekannt und berühmt bin, dann pfuscht mir niemand mehr in meine Manuskripte.

Doch diese Vorstellung gehört (leider) ins Reich der Märchen. Auf die Frage, ob es ein perfektes Manuskript gäbe, antwortete der Lektor Christian Döring einmal in einem Interview: „Auch die Texte großer Autoren [...] bedürfen der Bearbeitung." Wenn Sie erfahren möchten, was es an den Texten von achtzehn teilweise schon recht erfolgreichen Autoren und Autorinnen so alles zu meckern gibt, sollten Sie immer in der vorletzten Juni-woche den Fernseher einschalten oder den Videorekorder programmieren. Auf 3sat können Sie die Tage der deutschsprachigen Literatur in Klagenfurt live miterleben. Geboten wird das Wettlesen um den mit 22.500 Euro dotierten Bachmannpreis und vier weitere hochrangige Auszeichnungen. Die geladenen Autoren lesen maximal dreißig Minuten vor dem Studiopublikum und der neunköpfigen Jury aus Literaturkritikern, Schriftstellern und Literaturwissenschaftlern. Im Anschluss schweigt der Autor und die Juroren haben das Wort. Die sind selten einer Meinung und nicht zimperlich mit ihrer Kritik. Natürlich gibt es Lob, häufiger aber Tadel, und so wird einem Text auch schon mal bescheinigt, er sei ein „fünffacher Flop", „überflüssig" oder gehe „auf die Nerven".

Unter www.bachmannpreis.eu finden Sie die Wettbewerbe der letzten Jahre ausführlich dokumentiert, aber auch die jeweils aktuellen Informationen. Wenn Sie die Zeit und Lust haben, können Sie sich selbst ein Urteil bilden. Sie können die Texte, die gelesen werden, vorab herunterladen, können sich über die Autorinnen und Autoren informieren, Ihre eigenen Favoriten küren und prüfen, ob Ihre Bewertungen mit den Auffassungen der Juroren übereinstimmen oder nicht.

Falls Sie mit dem Gedanken spielen, sich im nächsten Jahr selbst zu bewerben: Die Hürden sind hoch. Wenn Sie die schriftliche Empfehlung einer Literaturzeitschrift oder eines Verlages besitzen, können Sie sich mit Textproben (unveröffentlichten Prosatexten) an Mitglieder der Jury wenden (Namen und Anschriften im Internet). Die Auswahl der Teilnehmer liegt allein bei der Jury.

19. Testleser und Textberatung

Der Roman oder die Erzählung ist fertig geschrieben. Das erste Gefühl: Erleichterung. Das zweite: Stolz. Zu Recht! Egal, ob es sich um eine Kurzgeschichte von fünf Seiten oder fünfhundert Seiten eines Romans handelt, einen Text abzuschließen ist immer eine bemerkenswerte Leistung. Häufig jedoch stellt sich noch ein drittes Gefühl ein: Überdruss. Wie oft hat man einzelne Kapitel umgeschrieben, hat korrigiert, gestrichen, ergänzt. Es reicht. Man ist sich sicher: An diesem Manuskript werden kein Komma und kein Wort mehr geändert. Außerdem steht der Einsendeschluss für den Wettbewerb unmittelbar bevor oder man will endlich erfahren, was die Verlage von dem Roman halten. Also: ausdrucken, eintüten, absenden ...

Erste Zweifel, ob die Eile angebracht war, stellen sich möglicherweise ein, wenn eine Ablehnung nach der nächsten eintrifft. Hätte vielleicht doch vorher noch jemand das Manuskript lesen sollen? Jemand, der kritischer urteilt als die beste Freundin, die jede Geschichte lobt und immer sagt: „Das musst du unbedingt veröffentlichen." Aber wer?

Vor allem für angehende Autoren ohne wesentliche Publikationserfahrung gilt als erste Regel: Ein Manuskript sollte nie unmittelbar, nachdem der letzte Punkt gesetzt wurde, in die Öffentlichkeit gelangen. Sinnvoller ist, es ein paar Tage oder besser Wochen liegen zu lassen, sodass der Text dem Autor selbst fremd wird und er ihn aus einer professionellen Distanz wahrnehmen kann. Empfehlenswert ist außerdem, ein Manuskript kritischen Testlesern zur Lektüre anzuvertrauen. Die Betonung liegt auf „kritisch". Gefragt sind keine Pauschalurteile wie „Toll" oder „Also, damit kann ich gar nichts anfangen", sondern ehrliche Menschen mit Sachverstand und kühlem Kopf, die ihr Urteil möglichst genau begründen können. Ein guter Trick: Formulieren Sie Fragen zu dem Manuskript, die der Testleser beantworten soll. „Wie gefällt dir die Hauptfigur?" oder „An welchen Stellen hast du begonnen, dich zu langweilen?" könnten sie etwa lauten.

Wie viele Testleser benötigt ein Text? Darauf gibt es keine eindeutige Antwort. Zwei bis drei versierte Kritiker können durchaus ausreichend sein. Je größer die Zahl der Testleser, desto mehr Ansichten zu ihrem Manuskript müssen Sie verarbeiten. Kritisieren mehrere Leser dasselbe, lohnt es sich, diese Urteile sehr ernst zu nehmen. Aber Sie müssen auch damit rechnen, dass jeder Leser andere Punkte bemängelt. Was einem besonders gefällt, lehnt ein anderer völlig ab. Wer versucht, es jedem recht zu machen, läuft Gefahr, sich zu verzetteln und das Erzählgerüst zum Einsturz zu bringen.

Sammeln Sie erst alle Kritikpunkte, überprüfen Sie dann deren Berechtigung und die Wirkung von Korrekturen, ändern Sie den Text erst nach gründlicher Überlegung und wenn Sie selbst einsehen, dass es zum Besten Ihres Manuskripts ist. Bedenken Sie, dass eine Änderung möglicherweise viele weitere nötig macht.

Wer weder Freundschaften noch Liebesbeziehungen wegen der Testleserei aufs Spiel setzen will, sollte überlegen, ob er einen professionellen Lektor beauftragt. Der Nachteil: Er kostet Geld. Der Vorteil: Er hat wirklich den fremden Blick, ist geschult, Aufbau, Struktur, Figurenführung, Spannungsbogen und Handlungsverlauf zu analysieren, Wirkungen zu erkennen und Änderungsvorschläge zu machen. Ein Lektor kann Ihnen sagen, wie Sie Spannung in Ihren Roman bekommen, wie Ihre Hauptfigur lebendiger oder interessanter wird usw.

Ich selbst habe in den letzten Jahren rund achtzig Autoren und Autorinnen beraten und die unterschiedlichsten Manuskripte beurteilt: Rezepte für die Kräuterküche, Kriminal- und Liebesromane, Fantasy und Märchen, Erfahrungsberichte über Wege aus Krisen und Krankheiten, höchst skurrile Geschichten aus dem Allgäu, eine „Anleitung für ein postheroisches Management" und vieles andere mehr. Spannend war die Lektüre immer. Die Aufträge der Kunden waren unterschiedlich, meine Beurteilungen auch: Zuweilen passte die Sprache nicht zum Inhalt, zuweilen stimmte die Gedankenführung nicht. Manche Stilblüte wurde gepflückt, mancher Verstoß gegen die Logik entlarvt. Mitunter fehlte der rote Faden, mitunter brach der Spannungsbogen zu früh zusammen oder die Figuren waren zu blass. Immer aber gab es eine Basis, von der aus es sich lohnte, weiterzuarbeiten. Aus guten Manuskripten wurden bessere, einige sind inzwischen als Buch publiziert und in einigen Fällen gelang es, Verlage oder Agenten dafür zu interessieren.

Allerdings ist ein intensives Lektorat sehr zeitaufwendig und damit teuer, außerdem die Aufgabe des Verlags. Ausreichend ist in der Regel zunächst ein Textgutachten, das Vorzüge und Schwachpunkte des Manuskripts auflistet und begründet und Änderungen vorschlägt. Bei umfangreicheren Projekten empfiehlt es sich, mir den Text zunächst unverbindlich zu schicken (als E-Mail-Anhang). Auf dieser Grundlage kann ich dann ein individuelles Angebot für Sie erstellen und – wenn gewünscht – ein Probelektorat anfertigen. Erst danach entscheiden Sie, ob Sie einen Auftrag erteilen.

Professionell in Formfragen

20. Ein perfektes Manuskript

Nehmen wir einen (natürlich ganz und gar fiktiven) Herrn X. Herr X. hat einen Roman geschrieben. Er beauftragt einen Lektor mit der kritischen Lektüre und Kommentierung seines Manuskripts. Der Lektor spitzt den Bleistift, packt den Text aus – und ärgert sich. Nein, nicht über den Inhalt, so weit ist er noch nicht, sondern über die Erschwerung seiner Arbeit. Die sollte eigentlich darin bestehen, Geschriebenes zu kommentieren, Änderungen vorzuschlagen, Fehler und Unstimmigkeiten zu vermerken. Doch zuweilen steht er vor dem Problem: Wo nur? Links ein Rand von einem zierlichen Zentimeter, rechts, oben und unten noch weniger, der Text ist einzeilig ausgedruckt, versteht sich. Es ist so ähnlich, als ob man jemandem anbietet, ihn im Auto mitzunehmen, obwohl alle Sitze bis unters Dach beladen sind.

Da der Lektor nicht lektorieren kann, beginnt er die Motive zu erforschen. Ist Herr X. knapp bei Kasse und muss deshalb Papier so ökonomisch wie möglich nutzen? Fehlanzeige! Er hat seinen Text auf edelstem 120-Gramm-Papier ausgedruckt. Oder möchte er vielleicht nicht, dass seine Geschichte durch Anmerkungen und Korrekturvorschläge verunziert wird? Wirkt ein Kindheitstrauma nach? Hat er die Erniedrigungen der von roter Lehrertinte durchzogenen Aufsatz- und Diktathefte noch nicht verwunden? Will er sagen, mein Text ist perfekt, daran gibt es nichts, aber auch rein gar nichts zu verbessern? Aber warum überlässt er ihn dann einem Lektor? Unberührbarkeit strahlen auch wunderbar gestaltete Seiten in Schmuckschrift aus, mit farbigen Auszeichnungen, eingefügten Fotos und anderem Layout-Schnickschnack. Wenn Herr X. es wirklich gut meint mit seinem Lektor, hat er jedes einzelne Blatt fein säuberlich in eine Klarsichthülle geschoben!

Alles das steht im Widerspruch zum Wesen eines Manuskripts. Ein Manuskript sollte zuerst vor allem eines sein: ein Werkstück, an dem noch gehobelt und gefeilt wird, das noch geschliffen und poliert werden muss. Deshalb sollten Sie bei jedem Korrekturausdruck berücksichtigen: Sparen Sie ruhig beim Papier, kaufen Sie das billigste Kopierpapier (80 g/m^2), aber verbrauchen Sie es großzügig. Orientieren Sie sich am Layout der Normseite (siehe Tipp 21), nummerieren Sie die Seiten, verwenden Sie weder Blocksatz noch Trennprogramm. Ein umfangreiches Romanmanuskript bändigen Sie am besten mit einem schlichten Gummiband, ein paar Seiten mit einer Büroklammer. Eventuell noch eine Sammelmappe oder Prospekthülle zum Schutz. Das wär's schon.

21. Was ist eine Normseite?

Sie haben ein Buch geschrieben oder möchten an einem Literaturwettbewerb teilnehmen. In beiden Fällen werden Sie unweigerlich mit der Frage nach dem Umfang Ihres Textes konfrontiert. Der Verlag will wissen: Wie viele Seiten umfasst Ihr Manuskript? In der Ausschreibung heißt es vielleicht, der Text dürfe nur zehn Seiten lang sein. Das Problem: Seite ist nicht gleich Seite. Es kommt darauf an, welchen Schrifttyp Sie verwenden und welche Schriftgröße, wie viel Abstand Sie zwischen den Zeilen lassen und wie breit die Ränder sind. Einen Maßstab bietet Ihnen die Normseite, die Vergleichbarkeit garantiert: Sie besteht aus 30 Zeilen, jede Zeile aus 60 Zeichen, insgesamt also aus 1.800 Zeichen. Es gibt zwei Möglichkeiten, diesen Maßstab zu nutzen. Wenn Sie mit einem Textverarbeitungsprogramm arbeiten, erstellen Sie sich am besten eine Normseite als Dokumentvorlage. Das gelingt zum Beispiel mit folgenden Werten: Schrifttyp Courier New; Schriftgröße 12 Punkt; Zeilenabstand zweizeilig; Rand links 3,5 cm, rechts 2 cm, oben 2,5 cm, unten 1,5 cm. In der Praxis enthalten die Seiten allerdings weniger als 1.800 Zeichen, weil die Zeilen meist nicht bis zum Ende gefüllt sind, außerdem vielleicht Absätze und Leerzeilen eingefügt werden. Wenn Sie ganz genau wissen wollen, wie lang Ihr Text ist, oder weiterhin mit Ihrem gewohnten Seitenlayout arbeiten möchten, hilft die Funktion WÖRTER ZÄHLEN (darunter auch Zeichen) von *Word*. Sie finden sie unter dem Menüpunkt ÜBERPRÜFEN, Unterpunkt: DOKUMENTPRÜFUNG / WÖRTER ZÄHLEN (ältere *Word*-Versionen DATEI / EIGENSCHAFTEN / STATISTIK). Die entscheidende Zahlenangabe steht hinter BUCHSTABEN / ZEICHEN MIT LEERZEICHEN. Sie zeigt genau an, aus wie vielen Zeichen die Datei besteht, die Sie gerade geöffnet haben (Leerzeichen zählen dabei immer mit). Wenn Sie diese Zahl durch 1.600 teilen, haben Sie einen relativ genauen Schätzwert für den Seitenumfang Ihres Dokuments.

Auf der Homepage des Literaturcafés (www.literaturcafe.de), einer auch sonst sehr nützlichen Seite für Autoren, finden Sie fundierte Informationen über Sinn und Zweck der Normseite sowie Formatvorlagen zum Herunterladen.

22. Gänsefüßchen & Co.

Im DUDEN heißt es kurz und knapp: „Anführungszeichen stehen vor und hinter wörtlich wiedergegebenen Äußerungen und Gedanken." So weit, so einfach. Der Teufel steckt wie immer im Detail. Lassen die zahlreichen Anführungsstriche bei schneller Wechselrede den Text nicht verwirrend und plump erscheinen? Stehen die Gänsefüßchen vor oder hinter den Satzzeichen? Warum erzeugt mein Textverarbeitungsprogramm nur "nach oben gerichtete" Striche? Wann benutzt man ‚einfache' Anführungszeichen? Und wo verstecken sich eigentlich die kleinen »spitzen doppelten« oder ›einfachen‹ Zeichen, die viel hübscher sind als die >plumpen< Dinger, die mein Computer produziert?

Selbst der sonst so hilfreiche Trick, ein paar Bücher aus dem Regal zu ziehen, um darin nach dem richtigen Dreh zu forschen, funktioniert diesmal nicht. Im Gegenteil, die Verwirrung nimmt noch zu. Da gibt es die korrekten Traditionalisten und die Ästheten mit den »spitzen« Klämmerchen, die allerdings auch «umgekehrt» verwendet werden. Die Pragmatiker setzen am Beginn einer Zeile einen Gedankenstrich als Signal für den Beginn wörtlicher Rede und die Avantgardisten verzichten auf jegliche Kennzeichnung, so wirkt auch der schlichteste Text schwierig und modern. Dürfen die denn das? Ja. Es gibt für belletristische Texte keine festen Regeln, weder für die Schreibung noch für die Zeichensetzung. Künstlerische Freiheit eben. Wenn Sie aber Ihren Lesern die Lektüre nicht unnötig erschweren möchten, sollten Sie folgende Empfehlungen beachten:

(1) Setzen Sie „normale" oder »spitze« Anführungszeichen.

(2) Beginnen Sie mit jedem Sprecherwechsel eine neue Zeile (eventuell mit einer kleinen Einrückung).

(3) Berücksichtigen Sie die Regeln für die Zeichensetzung in Verbindung mit den Anführungszeichen. Je nachdem, ob das Satzzeichen zur wörtlichen Rede gehört oder nicht, steht es vor oder hinter dem Anführungszeichen.

(4) Beachten Sie die Regel „96", eine Eselsbrücke, die hilft, sich die Stellung der Anführungszeichen zu merken. Bei der Anführung befindet sich die Verdickung oben („9"), bei der Abführung unten („6").

(5) Ein weiteres Zitat innerhalb von wörtlicher Rede erscheint in ‚einfachen' Anführungszeichen.

(6) Achten Sie darauf, dass Ihr Textverarbeitungsprogramm typografische Anführungszeichen generiert, d.h., dass im Menü von *Word* unter dem Punkt WORD-OPTIONEN (ältere Versionen: EXTRAS) / AUTOKORREKTUR / AUTOFORMAT ein Häkchen im Kästchen bei ERSETZEN: GERADE ANFÜHRUNGSZEICHEN DURCH TYPOGRAPHISCHE steht.

(7) Die im Buchdruck häufig verwendeten spitzen Klammern für die Markierung wörtlicher Rede finden Sie bei *Word* unter EINFÜGEN / SYMBOLE. Tipp: Mit der Funktion AUTOKORREKTUR können Sie die Taste mit den zu großen >spitzen< Klammern umbelegen, sodass statt dessen die »kleinen« Zeichen erscheinen.

23. Gedankenstrich und Bindestrich

„Und dann bestellte er das Pizza –", liest der Lektor und will gerade den Bleistift ansetzen, um das „das" zu streichen und durch „eine" zu ersetzen, da entdeckt er, dass er wieder einmal einem als Gedankenstrich getarnten Bindestrich aufgesessen ist: „Und dann bestellte er das Pizza – Taxi." Es ist erstaunlich, wie weit verbreitet der falsche Gebrauch der beiden kleinen Striche ist, die grundsätzlich Unterschiedliches bedeuten: Der Gedankenstrich trennt, der Bindestrich verbindet.

Der Gedankenstrich gibt dem Leser ein Signal zum Innehalten, er zeigt an, jetzt folgt ein neuer Gedanke oder ein Einschub, zum Beispiel: „Als Karl gestern Morgen durch den Schneesturm wanderte – er liebte es übrigens, durch Schneestürme zu wandern –, kam ihm eine absonderliche Idee." Gedankenstriche sind mächtig, selbst einen Literaturskandal konnten sie auslösen. In Arthur Schnitzlers Reigen markieren sie das Nichtgesagte, die sexuellen Begegnungen wechselnder Partner. 1903 genügte das für ein Verbot des Buches.

Der Bindestrich dagegen fügt zwei oder mehr Wörter zu einer Einheit zusammen. Er dient als Werkzeug für die im Deutschen so produktive Wortbildung. Aus „Pizza" und „Taxi" wird „Pizza-Taxi". Der kreativen Nutzung sind kaum Schranken gesetzt: „Paul sah Inga mit seinem Ich-weiß-nicht-was-soll-es-bedeuten-Blick an."

Aus der gegensätzlichen Funktion beider Striche resultiert ihre unterschiedliche Form. Der Gedankenstrich ist länger als der Bindestrich und wird jeweils durch ein Leerzeichen vom vorhergehenden und nachfolgenden Wort abgetrennt. Der Bindestrich dagegen ist kürzer und wird ohne Leerzeichen zwischen die zu verkuppelnden Wörter gesetzt.

Deshalb: Prüfen Sie Ihre Texte, ob Gedanken- und Bindestriche richtig gesetzt sind. Nicht aus Gründen der formalen Beckmesserei, sondern weil Ihre Texte sonst möglicherweise falsch gelesen werden.

24. Über den Unsinn des Blocksatzes

Zunächst ist es nur ein Manuskript. Da denkt die Lektorin: Okay, individueller Spleen. Dann entdeckt sie es beim nächsten, beim übernächsten ... Und irgendwann schleicht sich die Frage ins Hirn: Warum machen die das? Konkret: Warum richten so viele Autoren ihre Manuskripte im Blocksatz aus? Ich fragte die Teilnehmerinnen eines Seminars. Weil es besser aussieht, sagten sie mir. Ich staunte. Ah ja. Die Geschmäcker sind eben verschieden. Oder, wie es hier in Köln heißt: Jeder Jeck ist anders. Ich finde Texte mit Riesenlücken zwischen den Wörtern nicht gerade ein ästhetisches Highlight. Denn Blocksatz sollte nur zusammen mit einem gründlichen Trennprogramm verwendet werden. Aber: Halt! Stopp! Bitte jetzt nicht bei Manuskripten die Silbentrennung einschalten. Blocksatz ohne Trennungen ist hässlich, Blocksatz mit Trennungen ist eine Todsünde. Sie stürzen damit jeden Hersteller in Verzweiflung, der aus Ihrem Text einen Beitrag für einen Sammelband oder ein Buch machen will. Denn Satzprogramme übernehmen die Trennungen in der Regel nicht. Mögliche Folge: Alle Trennzeichen müssen mühsam entfernt werden.

Das Pro und Contra der Ästhetik ist das eine. Schwerer wiegt das Argument der Lesbarkeit. Erwiesenermaßen lassen sich Texte im Blockformat schwerer lesen als solche mit flatternden Rändern.

Und schließlich das Hauptargument gegen den Blocksatz bei Manuskripten: Sie können beim Lektorieren und Korrigieren nicht erkennen, ob die Abstände zwischen den Wörtern korrekt sind, ob nicht versehentlich zwei oder drei statt eines

Leerzeichens gesetzt wurden. Ein Fehler, der in den Texten mancher Autoren sehr gehäuft auftritt. Ich vermute, es liegt daran, dass die Leerzeichen auf dem Monitor nicht richtig gesehen werden.

Mein Tipp: Machen Sie die Leerzeichen sichtbar, dann sind Fehler einfacher zu erkennen. Wie? Bei *Word* unter dem Menüpunkt WORD-OPTIONEN / ANZEIGEN (ältere Versionen: EXTRAS / OPTIONEN / ANSICHT) am besten ein Häkchen bei ALLE FORMATIERUNGSZEICHEN ANZEIGEN setzen, zumindest aber bei Absatzmarken und Leerzeichen.

25. Muss ein Autor richtig schreiben?

Muss ein Schriftsteller die Rechtschreibung beherrschen? Wird der künstlerische Schaffensprozess durch die Beachtung formaler Regeln nicht geradezu behindert? Sollte es nicht vielmehr die Aufgabe des Lektorats oder einer Sekretärin im Verlag sein, die Fehler im Werk der künftigen Bestsellerautorin zu korrigieren? In diesem (von mir polemisch zugespitzten) Sinne äußerte sich neulich die Schreiberin eines in der *Federwelt* abgedruckten Leserbriefes. Richtig ist sicher: Wenn der Lektor in dem Autor des eingereichten Werkes den künftigen Literaturnobelpreisträger entdeckt, sind irgendwelche Rechtschreibfehler völlig unerheblich. Außerdem sind die Regeln der deutschen Orthografie, vor allem nach der Reform der Reform, dermaßen schwer durchschaubar, dass es ohne ständiges Blättern im DUDEN kaum geht. Und das kann den Schreibprozess tatsächlich ziemlich stören. Andererseits denke ich, für die Schriftstellerei sollte dasselbe gelten wie für jeden anderen Beruf: Wer als Profi gelten will, sollte sein Metier beherrschen. Kenntnisse in Grammatik, Orthografie und Zeichensetzung gehören für mich mit zum Handwerkszeug des Autors und der Autorin. Die Überprüfung der Schreibung ist der letzte Schritt in einem langwierigen Arbeitsprozess, bevor ein Text den eigenen Schreibtisch verlässt.

Die Liberalisierung der Rechtschreibung hat bei vielen Menschen, auch bei mir, dazu geführt, dass die Unsicherheit eher größer als kleiner geworden ist. Und wer längere Zeit an einem Text, etwa einem Roman arbeitet, weiß am Ende oft nicht mehr, ob er sich nun für „kennen lernen" oder „kennenlernen", für

„Erfolg versprechend" oder „erfolgversprechend" entschieden hatte. Beides ist möglich, bei der einmal gewählten Variante sollte man aber durchgängig bleiben. Mir hilft seit einiger Zeit der *DUDEN Korrektor*, eine Software, die Texte wesentlich gründlicher prüft, als das mit den üblichen Optionen des Textverarbeitungsprogramms möglich ist. Sie können voreinstellen, welchem Schreibgebrauch Sie folgen möchten (zum Beispiel: konservativ, tolerant, DUDEN-Empfehlungen), und können sich zu jeder Fehlermeldung die entsprechende Regel bzw. Vorschläge zur Schreibung anzeigen lassen oder in weiteren DUDEN-Bänden nachschlagen und manches mehr. Ich muss gestehen, auf diese Weise einige Fehler entdeckt zu haben, die ich nie für welche gehalten hätte (dass es zum Beispiel „zurzeit" heißt und nicht „zur Zeit"). Aber natürlich ist auch der *DUDEN Korrektor* nicht perfekt. Sie müssen selbst wissen, ob Sie ein Wort nun gerade als Substantiv verwenden oder nicht, ob nach dem Doppelpunkt ein vollständiger Satz folgt (und deshalb das erste Wort großgeschrieben wird) oder nicht (und deshalb kleingeschrieben wird [tja, ich dachte, es hieße „klein geschrieben"]). Und: Es gibt Fehler, die das Programm schlicht übersieht (wie eben zum Beispiel „groß geschrieben") und Schlängellinien an Stellen, wo es keine Fehler gibt. Der klassische Buch-DUDEN ist deshalb bei mir noch häufiger als vorher im Einsatz. Weitere Informationen finden Sie unter www.duden-korrektor.de.

26. Abkürzungen und Zahlen

Im Berufsleben erleichtern sie uns die Schreibarbeit ungemein: Abkürzungen wie usw., u. a., z. B., Nr., kg, Bd., Dr. und unzählige mehr. Und natürlich werden in vielen Texten Zahlen in Ziffern geschrieben: 15 €, 85 km, 17 °C, 125.354 Einwohner. Im Roman oder einer Erzählung dagegen finden Sie dergleichen meist nur, wenn der Autor eine sehr individuelle Schreibweise verwendet: „Frauen kannte ich, die, sobald sie 1 ihrer hellen Blicke verschenkten, dies Geschenk sofort bereuten, & Bedauern über das Hergeschenkte verdrehte ihre Augen zum todtrüben Geiz." (Reinhard Jirgl) Wer Belletristik schreibt, genießt in dieser Hinsicht jede Freiheit (wenn der Verlagslektor sie zulässt). Es liegt bei Ihnen, ob Sie es Ihren Lesern leicht oder schwer machen wollen. In experimentelle Texte werden manchmal bewusst künstliche Stolpersteine eingebaut, um den Leser zu irritieren, ihn zum Innehalten zu zwingen. Wenn Sie aber Ihren Lesern die Lektüre leicht machen möchten, sollten Sie die konventionelle Orthografie nutzen, auf Abkürzungen verzichten und Ziffern ausschreiben. So wird der Lesefluss nicht unterbrochen. Wie weit Sie dabei gehen wollen, bleibt (wiederum in Absprache mit dem Lektorat) Ihnen überlassen. Sie sollten sich allerdings um Einheitlichkeit bemühen, also durchgängig in gleicher Weise verfahren. Wesentliches Kriterium ist die gute Lesbarkeit. Schreiben Sie also: „zum Beispiel", „unter anderem", „Liter", „Kilometer", „Stunde" und so weiter. Allgemein verständliche Abkürzungen, die auch so gesprochen werden, können Sie beibehalten: „SPD", „GmbH", „TÜV". Allgemein üblich ist es ferner, Zahlen

auszuschreiben (auch über zwölf hinaus): „eins" (statt „1"),
„erster" (statt „1."), „Zwanzigerjahre" (statt „20er-Jahre") und
Uhrzeiten so zu schreiben, wie sie gesprochen werden: „Es
war neun Uhr vierzig" (statt „9:40 Uhr") oder „morgens halb
neun". Ausnahmen sind dann sinnvoll, wenn die geschriebene
Zahl zu unübersichtlich wird, also besser: „2.452.345" statt:
„zwei Millionen vierhundertzweiundfünfzigtausenddreihun-
dertfünfundvierzig". Zu überlegen wäre aber, ob der Leser es
wirklich so genau wissen muss, oder ob „beinahe zweieinhalb
Millionen" nicht genügen würde. Das gilt für belletristische
Texte ganz grundsätzlich. Wie wichtig sind zum Beispiel bei
einer Figurenschilderung Details wie „Egon war 1,98 m groß
und wog 75,7 kg"? Alternativen wären: „Egon maß fast zwei
Meter und war hager" oder „Egon musste den Kopf einzie-
hen, wenn er durch eine Tür schritt, und war klapperdürr wie
Don Quichotte". Übersichtlicher ist es auch, Jahreszahlen und
Datumsangaben mit Ziffern zu schreiben, also „2009" oder
„11. Januar 2009".

Aspekte der Verlagssuche

27. Was schreiben Sie?

Mit dieser Frage werden Sie ganz sicher konfrontiert, wenn Sie mit einem Agenten, einem Verleger, einem Lektor oder einem anderen professionell mit der Produktion und dem Verkauf von Büchern befassten Menschen Kontakt aufnehmen. Möglicherweise entspinnt sich folgender (natürlich ganz und gar erfundener) Dialog: „Also, es geht um einen jungen Mann, der ist arbeitslos. Beim Joggen findet er eine Leiche ...“ – Der Fragende unterbricht: „Okay, also ein Krimi?“ – „Nein, die Leiche ist eigentlich ganz unwichtig. Es geht mehr um etwas, was ich selbst erlebt habe.“ – Der Fragende: „Verstehe, eine Autobiografie.“ – Der Autor, entrüstet: „Nein, nein, das Buch beschränkt sich nicht auf mich. Es geht auch um den Filz in den politischen Parteien, die Verschwörungen der Weltwirtschaft, die geheimen Machenschaften des Vatikan und ...“ – Der Fragende, verwirrt und leicht gereizt: „Also ein Sachbuch über die Themen Politik, Wirtschaft und Religion.“

Dieser Dialog beruht auf einem Missverständnis. Der Autor möchte den Inhalt seines Buches referieren, der Fragende aber will in Erfahrung bringen, um welche Gattung es sich handelt. Einfach um zu wissen, ob er überhaupt der richtige Ansprechpartner ist. Büchermacher denken in Kategorien, und Sie sollten mit diesen Kategorien vertraut sein. Und zwar nicht erst, wenn Ihr Buch fertig ist, sondern am besten schon in der Konzeptionsphase. Spätestens, wenn Sie einen Verlag für Ihr Buch suchen, muss das Etikett kleben. Wie sonst wollen Sie aus 6.882 (nur deutschen) Verlagen die passenden herausfinden? Wer ein Sachbuch einem Belletristikverlag anbietet, wird ebenso scheitern wie umgekehrt. Die Gattungsbezeichnung sollte im Exposé und im Anschreiben ganz vorn stehen. Wenn Sie ein Kinder- oder Jugendbuch geschrieben haben, muss darüber hinaus das Alter der Zielgruppe genau bestimmt werden.

Die erste und grundsätzliche Frage heißt: Dichtung oder Wahrheit, Fiktion oder Nonfiktion, Möglichkeit oder Wirklichkeit? Abgesehen von Grenzgängern wie etwa dem autobiografischen Roman ist der Bereich der Fiktion (= etwas Vorgestelltes, Erdachtes) identisch mit dem der Belletristik (aus dem Französischen: *belles lettres*, Schöne Literatur). Dazu gehören Romane und Erzählungen, aber auch Lyrik und Theaterstücke. Die erzählende Literatur wird im Buchhandel weiter differenziert: Spannung (Krimi, Horror) und Fantastisches (Fantasy, Science-Fiction) werden ausgegliedert, außerdem vergeben die meisten Verlage eigene Etiketten für die spezifischen Schwerpunkte ihres Programms.

Zur nichtfiktionalen Literatur gehört Ihr Buch, wenn es auf die Wirklichkeit bezogen ist, also eine konkrete Sache, eine Wissenschaft oder auch ein wirklich gelebtes Leben (Biografie oder Autobiografie) darstellt. Unterschieden wird hier nach der angesprochenen Zielgruppe. Richtet sich Ihr Buch an Fachleute in Beruf, Studium und Wissenschaft, gehört es in die Kategorie Fachliteratur, wollen Sie am Thema interessierte Laien ansprechen, in die Kategorie Sach- oder Ratgeberliteratur. Weitere Untergliederungen ergeben sich aus dem Sachbereich (Sport, Politik, Geschichte, Mathematik usw.). Das große und vielschichtige Segment der Reiseliteratur wird meist gesondert geführt.

In vielen Fällen werden Sie schon aufgrund Ihrer Lektüreerfahrung wissen, welcher Gattung Ihr eigenes Manuskript zuzuordnen ist. Wenn Sie unsicher sind, kommen Sie auf folgenden Wegen weiter: Orientieren Sie sich in einem großen Bücherkaufhaus an den Regal- und Tischbeschriftungen. Ziehen Sie Bücher heraus und lesen Sie die Klappentexte. Sind die Themen mit denen Ihres Buches vergleichbar? Dann passt vielleicht auch die Gattung. Auch zu den Buchtiteln bei „Amazon" werden Sachgebiete genannt. Hilfreich ist auch die „Warengruppen-Systematik" des Buchhandels, die Sie zum Beispiel auf der Homepage des Börsenvereins einsehen können (www.boersenverein.de, dort unter DOWNLOADS / VERLAGE). Informationen über einzelne Romangattungen finden Sie auch im *Sachwörterbuch zur deutschen Literatur* oder in der Internetenzyklopädie *Wikipedia*.

Natürlich gibt es Bücher, die quer zu gängigen Einteilungen stehen. Und es spricht gar nichts dagegen, einen historischen Kriminalroman zu schreiben, in dem eine Liebesgeschichte eine wichtige Rolle spielt. Wenn Sie verschiedene Gattungen mixen, sollten Sie sich aber immer fragen: Welche Gattung ist die tragende? Ist es ein Liebesroman mit märchenhaften Zügen oder ein Märchen, in dem es auch um die Liebe geht? Es ist Ihre Entscheidung! Mein Tipp: Sammeln Sie zunächst Begriffe – Spannung, Mord, Liebe, gesellschaftliche Probleme, Erwachsenwerden ... Überlegen Sie, wie Sie die Themen gewichten, und formulieren Sie dann einen oder zwei Sätze, die Sie sich neben den Schreibtisch pinnen und am besten auswendig lernen, sodass Sie jederzeit knapp und präzise Auskunft geben können: „Ich schreibe einen historischen Entwicklungsroman, der während der Revolutionswirren von 1848 in Frankfurt am Main spielt."

28. Verkauft sich das?

Die für alle angehenden Autoren entscheidende Frage „Wie finde ich einen Verlag für mein Manuskript?" ist nicht zu trennen von dem Aspekt der Verkäuflichkeit. Mancher mag jetzt die Nase rümpfen. Gehört es nicht gerade zum Wesen der Kunst, dass sie autonom ist und sich um solch profane Überlegungen nicht schert? Viele Dichter werden nicht müde zu betonen, dass sie nie und nimmer auch nur einen Gedanken an die Käufer oder Adressaten ihrer Werke verschwenden. Eines ist sicher richtig: Nicht jeder kann alles schreiben. Es gibt exzellente Lyriker, die an jeder erzählenden Gattung scheitern, und wunderbare Romanciers, denen nie eine Kurzgeschichte gelingt. Aber es gibt mindestens ebenso viele Autoren, die ihr Talent mit Erfolg in ganz unterschiedlichen Bereichen erproben. Denken Sie nur an den Journalisten, Romancier, Lyriker, Kinderbuchautor, Kabarettisten, Drehbuch-, Bühnen- und Hörspielautor Erich Kästner, der sich sehr bewusst an den Bedürfnissen des Marktes orientierte, aber trotzdem seinen ganz individuellen Schreibstil bewahrte. Schreiben Sie, was Sie können, was Sie sich zutrauen oder wofür Sie sich wirklich interessieren. Schreiben Sie, was Ihnen Spaß macht! Doch wenn Sie entschlossen sind, Ihre Produkte auf dem Literaturmarkt anzubieten, sollten Sie Ihre Chancen realistisch einschätzen können. Verlage sind Wirtschaftsunternehmen, die vor allem eines im Sinn haben (müssen): Bücher zu publizieren, die gekauft werden.

Aber was wird gekauft? Um das festzustellen, genügt der Besuch in einer der großen Buchhandlungen, die ihre Bestände nach Käuferinteressen präsentieren. Gehen Sie aufmerksam durch die Etagen. Im hintersten Winkel entdecken Sie einige Lyrikbändchen. Nicht weit entfernt versuchen Klassiker in edlem Leinen vergeblich, auf sich aufmerksam zu machen. Daneben protzt feines Hardcover: die von Rowohlt, Suhrkamp und S. Fischer publizierten Abschlussarbeiten der Absolventen des Leipziger Literaturinstituts, die preisgekrönten Texte des Ingeborg-Bachmann-Wettbewerbs und des Aspekte-Literaturpreises. Etwas näher an den Rolltreppen stapeln sich Taschenbücher für die Schul- und Studienlektüre: Böll, Hesse, Dürrenmatt usw. Doch alle diese Bücher sind erst auf den zweiten oder dritten Blick zu entdecken, oft muss mühsam nach ihnen gefahndet werden. Ins Auge springen dagegen hohe Regalwände, bis obenhin angefüllt mit dicken Kriminal-, Abenteuer-, Unterhaltungs-, Fantasy-, Geschichts-, Liebes- und Frauenromanen. Dieses Bild bestätigen auch die Statistiken. Rund 90 Prozent der Umsätze für belletristische Taschenbücher entfallen auf Romane, Krimis, Science-Fiction und Fantasy, dagegen nur 2,3 Prozent auf Lyrik, Essays und Verwandtes. Das bedeutet: Die Marktchancen für Romane, vor allem für solche, die Spannung und/oder Unterhaltung versprechen, sind vergleichsweise gut, die für Kurzgeschichten und Gedichte dagegen ausgesprochen gering.

Deshalb mein Tipp, wenn Sie Kurzprosa oder Lyrik schreiben: Beteiligen Sie sich damit an Wettbewerben, bemühen Sie sich, in Literaturzeitschriften und Anthologien zu veröffentlichen oder suchen Sie nach kleineren Spezial- oder Regionalverlagen, die zu Ihrem Produkt passen.

29. Marketinginstrument Buchtitel

So schwer es oft ist, einen passenden Namen für ein Kind zu
finden, so schwer ist es, einem Roman, einer Erzählung oder
einem Sachbuch einen passenden Titel zu geben. Ist das nicht
egal?, werden Sie jetzt vielleicht fragen, weil Sie wissen, dass
der Verlag den Titel festlegt. Nein, das ist es nicht. Natürlich
haben Sie recht, den endgültigen Titel ersinnen Lektorat und
Werbeabteilung des Verlags. Er soll möglichst viele potenzielle
Kunden zum Kauf verführen. Doch Ihre Aufgabe ist zunächst
Werbung in eigener Sache: Ein attraktiver Arbeitstitel soll den
Lektor neugierig auf Ihr Manuskript machen. Wichtig ist der
Titel darüber hinaus bei Beiträgen, die Sie zu Wettbewerben
oder Anthologien einreichen.

Doch was macht einen Buchtitel interessant? Grundsätzlich
gilt: Der Titel sollte bei Romanen zur Gattung passen, bei
Sachbüchern auf das Thema hinweisen, in jedem Fall neugierig auf den Inhalt machen, Emotionen ansprechen, prägnant
und kurz sein. Das Gebot der Kürze galt nicht immer. Bis weit
ins 18. Jahrhundert hinein war der Titel zugleich auch Klappentext und Inhaltsangabe, etwa (gekürzt): *Der Abentheuerliche
SIMPLICISSIMUS Teutsch / Das ist: Die Beschreibung des Lebens
eines seltsamen Vaganten / genant Melchior Sternfels von Fuchshaim /
wo und welcher gestalt Er nemlich in diese Welt kommen [...] überauß
lustig / und männiglich nutzlich zu lesen. An Tag geben Von German
Schleifheim von Sulsfort.* Weil der Roman damals noch als mora-
lisch verderblich galt, kaschierte man die Fiktionalität, indem
man durch langatmige Begründungen den Anschein erwecken
wollte, ein „wahres", authentisches Geschehen darzustellen.

In der Literaturgeschichte lassen sich immer wieder Beispiele für Bücher finden, die ihren Erfolg wohl vor allem ihrem Titel verdanken, so Oswald Spenglers *Der Untergang des Abendlandes*, ein Buch, das zunächst unter einem anderen Titel ein Ladenhüterdasein geführt hatte. Es gibt Titel, die sind nicht zu toppen: *Vom Winde verweht* oder *Der geschenkte Gaul* oder *Götter, Gräber und Gelehrte* oder *Generation Golf*. Sie entwickelten ein Eigenleben und wurden zu allgemein gebräuchlichen Redensarten.

Wo können Sie nun den ultimativen Titel für Ihren Roman finden? Sie sollten sich inspirieren lassen von aktuellen Titeln. Wenn Sie sich auf dem Buchmarkt umschauen, werden Sie bemerken, dass es gewisse Moden und Trends gibt. Stöbern Sie also in einem Buchkaufhaus oder einer Internetbuchhandlung in den entsprechenden Gattungsbereichen. Sehr hilfreich sind die Bestsellerlisten von *Buchreport*, die Sie am einfachsten unter www.buchreport.de abrufen können. Klassische Titel finden Sie in Büchmanns *Geflügelten Worten*.

Meine Kurzrecherche hat ergeben: Momentan sind Einworttitel sehr beliebt. Bestseller heißen ganz schlicht *Wahn* oder *Millionär* oder, mit raffiniertem Doppelsinn, *Feuchtgebiete*. Gern werden auch zwei bekannte Wörter zu einem neuen, rätselhaften Begriff verschmolzen: *Tintenherz* oder *Liebesbrand*. Das gilt besonders für Krimis. Ich bin mir sicher, dass am Erfolg von *Tannöd* und *Kalteis* die Namen einen beachtlichen Anteil hatten. Einige Titel lassen ungewöhnliche Protagonistinnen erwarten: *Die Mittagsfrau*, *Die Menschenleserin* oder *Die Bücherdiebin*. Ein paar Wörter mehr sind bei Liebesromanen üblich, deren Titel meist sehr deutlich auf das Genre verweisen: *Zwischen Himmel und Liebe* oder *Liebesmärchen in New York*. Gern werden aber auch Analogien gebildet. Dem formalen Muster des Bestsellers *Die*

Säulen der Erde folgen die Titel anderer historischer Romane wie *Die Spur der Hebamme* oder *Die Schwester der Königin*. Und natürlich gilt: keine Regel ohne Ausnahme. Auch ein Buch mit einem relativ langen Titel wie *Kurze Geschichte des Traktors auf Ukrainisch* kann zum Bestseller werden. Mich persönlich reizt es sehr, ein Buch zu kaufen, das *Der Geschmack von Apfelkernen* heißt, obwohl ich davon nicht mehr als den Titel und das Cover kenne.

30. Von fairen und unfairen Verlagen

Wie schwer es ist, für ein Manuskript einen Verlag zu finden, sollte sich inzwischen herumgesprochen haben. Da ist man dann erstaunt, zum Beispiel in der seriösen Wochenzeitung *Die Zeit* auf Anzeigen zu stoßen, in denen Verlage Autoren suchen. Auch wer im Internet recherchiert, wird von Google zum Beispiel an den Novum Verlag, den August-Goethe Verlag und den R.G. Fischer Verlag verwiesen, die sich ebenfalls über Manuskripte freuen. Wäre das nicht die Chance, nachdem vielleicht schon zahlreiche andere Verlage Absagen geschickt oder überhaupt nicht reagiert haben?

Ich habe es im Januar 2007 ausprobiert, um über meine Erfahrungen berichten zu können. Eine Woche nach Einreichung des Manuskripts traf ein Brief ein, der mir die „klare Entscheidung" der Verlagsleitung übermittelte: „Die Lektoren haben die Veröffentlichung Ihres Manuskripts befürwortet." Einziger Wermutstropfen: Es sei ein „Beitrag zu den Publikationskosten" nötig. Die angeforderte Verlagskalkulation lag exakt wieder eine Woche später im Briefkasten. Bei einem Umfang von 200 Seiten sollte ich für mein Buch je nach „Modell" zwischen 8.916 und 11.196 Euro „Publikationskosten" zahlen.

Ist nicht eigentlich zu erwarten, dass man Geld erhält, wenn man ein Buch publiziert, statt etwas zu bezahlen? „Verlegen" kommt von „Vorlegen", aus diesem Prinzip erklärt sich das Verlagssystem. Ein Verleger ist überzeugt, mit einem Buch Geld zu verdienen, deshalb finanziert er Lektorat, Druck, Marketing, Pressearbeit und ein Grundhonorar für den Autor. Der Verleger und der Autor, beide haben in dieser Situation ein großes Interesse daran, das Buch zu verkaufen, denn nur dann bekommt der Verleger seine Investitionen wieder herein und kann einen Gewinn erwirtschaften und der Autor erhält Honorar. Was passiert, wenn das verlegerische Risiko ausgeschaltet ist? Wenn die Bücher vollständig bezahlt sind, noch bevor sie gedruckt werden? Welches Interesse sollte ein Verleger dann noch daran haben, Bücher zu verkaufen?

Um über die Gefahren aufzuklären, die zu befürchten sind, wenn das Verlagsprinzip umgekehrt und das Risiko einseitig auf die Autoren abgewälzt wird, haben sich 41 Autorenverbände und andere Literaturinstitutionen aus Deutschland, Österreich und der Schweiz zu einem „Aktionsbündnis für faire Verlage (Ak Fairlag)" zusammengeschlossen. Das Bündnis setzt sich für eine korrekte Behandlung von Autoren durch die Verlage ein.

Auf der Homepage www.aktionsbuendnis-faire-verlage.com erhalten Sie umfassende Informationen über Begriffe wie Pseudo-, Druckkostenzuschuss- oder Dienstleisterverlag, über die Methoden unfairer Verlage und woran sie zu erkennen sind. Sehr aufschlussreich sind auch Presse- und Fernsehberichte zum Thema. Wenn Sie selbst unsicher sind, ob Sie vielleicht an einen Verlag geraten sind, der eigentlich keiner ist, berate ich Sie gerne.

31. Publizieren nach Plan B

Es ist der große Traum eines jeden Autors: ein Buch in einem angesehenen Verlag zu veröffentlichen. Man denkt an Suhrkamp, S. Fischer, Hanser oder andere illustre Namen. Die Erfüllung dieses Traums ist etwa so wahrscheinlich wie sechs Richtige im Lotto. Wenn sich aber auch von den vielen Regional-, Genre- und Kleinverlagen keiner bereitfindet, das Werk zu drucken, dann ist der Frust oft groß und das Manuskript verschwindet wieder in der Schublade bzw. den Tiefen des Computers.

Früher wählte mancher den Weg über den Selbstverlag, der allerdings das Risiko barg, auf ein paar Hundert Exemplaren sitzen zu bleiben. Seit einigen Jahren gibt es eine durchaus interessante Alternative, nämlich das Book-on-Demand-Verfahren: Ihr Buch liegt als elektronische Masterdatei bei dem Anbieter vor, und wenn jemand es bestellt (Sie selbst als Autor oder ein Käufer in der Buchhandlung), wird es gedruckt und ausgeliefert. Das bedeutet eine enorme Kostenersparnis gegenüber dem üblichen Auflagendruck, der sich meist erst bei tausend und mehr Exemplaren lohnt. Auf diese Weise lassen sich Bücher und Broschüren zu bezahlbaren Preisen für begrenzte Zielgruppen produzieren. Das können Freunde sein, denen man eine Sammlung eigener Gedichte oder Geschichten unter den Weihnachtsbaum legen möchte, oder die Familie, die schon lange auf Ihre Lebenserinnerungen wartet, oder ein spezielles Publikum für Reise- oder Erfahrungsberichte oder Ratgeberliteratur. Natürlich müssen Sie in diesem Fall gewissermaßen als eigener Verleger auftreten und Ihr Buch selbst vermarkten. Mit einer ISBN bieten sich dafür eine ganze Reihe von Möglichkeiten, denn Ihr Buch kann dann in jeder Buchhandlung bestellt werden.

Der BoD-Markt ist enorm in Bewegung geraten. Es gibt viele unterschiedliche Anbieter und Angebote (zum Beispiel Pauschalen mit Lektorat, Korrektur, Gestaltung, Marketing usw.). Am bekanntesten und erfolgreichsten ist in Deutschland der Verlag und Hersteller BoD in Norderstedt, ein Tochterunternehmen von LIBRI, einem der führenden Buchgroßhändler. Rund 100.000 Titel (Stand 2009) hat BoD bisher publiziert, der Marktanteil des Unternehmens liegt bei 80 Prozent. Es gibt nur wenige Produkte, die billiger werden, BoD-Publikationen gehören dazu, getreu dem Motto: „Konkurrenz belebt das Geschäft." Die Grundgebühr beträgt zurzeit (im August 2009) 39 Euro für ein Buch mit ISBN, ohne ISBN (BoD-Fun) fallen keine Grundkosten an. Bezahlt wird pro gedrucktes Exemplar (Sie können ab einem Exemplar bestellen), der Preis richtet sich nach dem Umfang und der Ausstattung (Paperback oder Hardcover). Alle Informationen finden Sie auf der Internetseite www.bod.de. Sie können sich auch eine Autorenmappe mit vielen hilfreichen Tipps schicken lassen.

32. Suchen Verlage Romane im Netz?

Wie kommt Ihr Manuskript zum Verlag? Wenn Sie einen Roman geschrieben haben, gibt es die Möglichkeit, ihn über eine Internetplattform anzubieten. Sie sind skeptisch? Das war ich auch. Welcher seriöse Verleger, so fragte ich mich, sucht im Internet nach neuen Autoren, wenn er schon von unverlangt eingesandten Manuskripten überflutet wird? Geld dafür zu investieren, war ich nicht bereit. Doch dann stieß ich auf das Projekt „Romansuche" von Heike Prassel. Seit gut zehn Jahren betreibt die Autorin und Lektorin die Datenbank, die rund 400 Angebote enthält, geordnet nach Gattungen vom Liebes- und Entwicklungs- bis zum Kriminalroman, aber auch Fantasy, Kinder- und Jugendromane berücksichtigt. Die inzwischen recht beachtliche Liste veröffentlichter Bücher belegt den Erfolg des Unternehmens.

Was ist zu tun? Rufen Sie die Seite www.romansuche.de auf und füllen Sie die Eingabemaske unter „Text einreichen" aus. Gefragt wird nach Anschrift, Arbeitstitel, Genre, Umfang und einer Zusammenfassung in einem Satz. Außerdem sind das Exposé (maximal 2.500 Zeichen) und eine Leseprobe (maximal 7.500 Zeichen) in die vorgesehenen Felder zu kopieren. Dann gilt es abzuwarten. Bis zu zehn Wochen kann es dauern, bis die Lektoren ihr Urteil gefällt haben, denn eine Vorauswahl findet statt. Wer aufgenommen wird, kann zusätzlich eine ausführliche Autorenbiografie einstellen, für die zehn Euro Bearbeitungsgebühr zu zahlen sind, sonst ist das Angebot kostenlos. Und dann heißt es, noch mehr Geduld zu haben und zusätzlich weitere Wege der Verlagssuche zu beschreiten.

Wie ist es mir in den zwei Jahren ergangen, die *Linstows Geheimnis* in der „Romansuche" stand? Insgesamt kamen vier oder fünf Anfragen. Eine von einer höchst unseriösen Agentur, die anderen von Verlagen im Gründungsprozess, für die eine solche Datenbank tatsächlich nützlich ist. Denn ein noch nicht existierender Verlag erhält noch keine Zusendungen von Manuskripten. Ich reagierte nicht auf jede Anfrage. Recht vielversprechend erschienen mir die Edition Buche und dann der Greifenverlag, der Anfang des Jahres wiedergegründet wurde. Er nahm das Manuskript an. Für mich hat sich die „Romansuche" also letztlich gelohnt. Deshalb meine Empfehlung: Probieren Sie es ruhig aus, bleiben Sie aber wachsam, denn es ist nie auszuschließen, dass sich ein unfairer Verlag oder eine Abzockeragentur bei Ihnen meldet.

33. Verlagssuche auf der Buchmesse

„Welche Verlage passen zu meinem Buch?" Das war die Leit-frage für den Besuch der Frankfurter Buchmesse am 15. Ok-tober 2008. Ich begleitete zwei Autorinnen bei der Planung und während des Messetags. In der Vorbereitungsphase wurde deutlich, dass ein interessanter Trend zur weiteren Ausdiffe-renzierung des Buchmarkts zu beobachten ist: Neben Groß-verlagen und Konzernen etablieren sich in zunehmendem Maße junge Verlage, zum Teil sehr professionell geführt, die ein allgemeines oder spezielles Programm aufbauen. Auf diese Verlage richteten wir vor allem unser Augenmerk. Wohl wis-send, dass die Aussteller auf der Buchmesse nicht nach neuen Autoren suchen, sondern Kunden- und Autorenpflege betrei-ben, hatten wir nicht die Absicht, Exposés zu verteilen. Wir wollten die umfangreichen Präsentationen der Großen bewun-dern und die Produkte und Profile ausgesuchter Mittel- und Kleinverlage daraufhin prüfen, ob Sie zu uns und unseren Romanen passen könnten.

Als ausgesprochen vorteilhaft erwies es sich, bereits am Vor-mittag des ersten Messetages dort zu sein. Erwartungsgemäß waren die Stände von Random House, Piper & Co. sofort um-lagert. In den Gängen und Kojen der kleinen und mittleren Verlage jedoch herrschte noch Ruhe, die Mitarbeiter zeigten sich aufgeschlossen, sprachen uns teilweise von sich aus an und waren interessiert, etwas über die Schreibprojekte zu er-fahren. Mehr als einmal gab es positive Resonanz: „Schicken Sie doch Ihr Manuskript" oder „Ja, gut geschriebene Krimis suchen wir noch". Mindestens ebenso wichtig: Einige der Ver-

lage konnten rasch von der vorbereiteten Liste gestrichen werden, nachdem ein Blick in die Bücher oder ein Gespräch ergab,
dass es sich um unfaire Verlage handelte oder um solche, die
derart unattraktive Bücher produzieren, dass man bei ihnen
nicht publizieren möchte. Bepackt mit Tüten voll Material und
Prospekten ging es am Abend zurück nach Hause. Nicht mit
der Gewissheit, einen Verlag gefunden zu haben, aber zumindest mit dem Gefühl, dass – allen Unkenrufen zum Trotz –
doch noch seriöse Verlage existieren, die auch Debütanten auf
dem Buchmarkt eine Chance geben.

34. Die Bewerbung beim Verlag

Im Grunde ist es dasselbe, ob Sie eine Arbeitsstelle oder einen Verlag suchen. Die Form der Bewerbung ist sehr ähnlich, es ist dieselbe Sorgfalt nötig und es gelten – im übertragenen Sinne – dieselben Regeln. Ausdrücklich sei darauf hingewiesen: Die folgenden Aussagen beziehen sich nur auf Romane, für Sachbücher gelten teilweise etwas modifizierte Regeln. Wenn Sie ein Romanmanuskript einem Verlag zur Veröffentlichung anbieten möchten, benötigen Sie: ein Exposé, ein Anschreiben, eine Textprobe und eine Kurzbiografie.

Schwierigkeiten bereitet vielen Autoren das Exposé. Mancher findet es anstrengender, drei Seiten Exposé zu schreiben als 500 Manuskriptseiten. Eine Herausforderung ist es allemal, den gesamten Inhalt auf 60 bis 90 Zeilen einzudampfen. Im Vorteil ist, wer in der Konzeptionsphase bereits ein Exposé als Plotskizze verfasst hat. Das Exposé fasst den Inhalt des Romans auf höchstens drei Seiten (besser sind zwei) zusammen. Die Hauptfiguren, ihre Ziele und die Motive ihres Handelns sollten knapp umrissen, die Grundzüge des Erzählverlaufs nachgezeichnet werden. Ein Exposé ist kein Klappentext: Sie müssen den gesamten Inhalt präsentieren, beim Krimi also auch den Mörder. Nebenfiguren, Nebenhandlungen und die Dialoge bleiben dagegen unberücksichtigt. Anfügen lassen sich einige Sätze zu spezifischen Kennzeichen des Romans. Das können zum Beispiel Hinweise zum Stil, zur Prämisse, zur Perspektive oder zu den Schauplätzen (etwa bei Regionalliteratur) sein. Nicht fehlen dürfen Angaben zur Gattung, zu den angesprochenen Zielgruppen und zum Umfang (Normseiten oder Zeichen). Wenn Sie selbst bereits Ideen zu besonderen Marketingaktionen entwickelt haben, sollten Sie die (eventuell auf einem gesonderten Blatt) ebenfalls beifügen. Zur Schreibweise: Wählen Sie einen fesselnden Einstieg (zum Beispiel eine Frage, einen Ausruf oder ein konkretes Bild), um die Neugier des Lektors zu wecken. Schreiben Sie ansonsten anschaulich, sachlich und klar und verzichten Sie auf jegliche Form der Selbstbewertung (also bitte nicht: „Dieser wunderbar geschriebene Roman überzeugt durch ein Feuerwerk an spritzigen Einfällen.") Wählen Sie als Tempus das Präsens. (Weitere Hinweise im Buch von Kellermann, S. 196 ff., siehe Tipp 49.)

Außerdem gehört zu Ihrer Bewerbung eine Textprobe im Umfang von circa 20 bis 40 Seiten. Sie soll repräsentativ sein, es muss nicht unbedingt das erste Kapitel sein. Inzwischen gibt fast jeder Verlag, irgendwo auf seiner Homepage mehr oder weniger versteckt (oft unter Kontakt oder Service), Hinweise zur Form der Manuskripteinsendung, die man berücksichtigen sollte.

Die Biografie kann kurz und knapp gehalten werden. Wenn es besondere Bezugspunkte zum Buch gibt, weisen Sie darauf hin (eine Mutter von fünf Kindern kann eine turbulente Familiengeschichte vermutlich authentischer schildern als eine Singlefrau). Wenn Sie bereits Publikationen vorzuweisen haben, sollten Sie die auflisten. Ein Foto ist nicht notwendig.

Fehlt noch das Anschreiben. Es sollte keinesfalls mehr als eine Seite umfassen. Ein Interesse weckender Einstieg macht sich gut, aber es geht auch ganz sachlich („Ich möchte Ihnen das Romanmanuskript XYZ zur Veröffentlichung anbieten.") Ganz wichtig ist eine möglichst präzise Beantwortung der Frage: Warum bieten Sie gerade diesem Verlag Ihr Buch an? Hier

sollten Sie zeigen, dass Sie informiert sind über das Programm, die Verlagsbereiche und Reihen, sodass Sie Ihr Manuskript zielgerichtet anbieten können, für den Programmbereich „Romantische Komödien" etwa oder für „Grusel & Horror". Oft diskutiert wird die Frage der Rücksendung. Sie sollten nicht davon ausgehen, dass Sie die Unterlagen zurückgeschickt bekommen. Die Chancen steigen, wenn Sie einen adressierten und frankierten Rückumschlag beilegen. Da man aber das Material meist sowieso nicht noch einmal verwenden kann, schreibe ich immer: „Eine Rücksendung ist nicht notwendig."
Ich wünsche Ihnen viel Erfolg mit Ihrer Bewerbung!

*Literatur zum Schreiben
und Veröffentlichen*

35. Basics für angehende Autoren

Fritz Gesings Buch *Kreativ schreiben* erschien zuerst 1994, zu einer Zeit, als Autorenratgeber noch rar waren. Einige kamen aus den USA, waren oft (wenn überhaupt) mehr schlecht als recht übersetzt, manchmal geschwätzig und etwas großmäulig. Im Fokus stand meist der große Unterhaltungsroman (James N. Frey), der planbare Bestseller oder – wie etwa bei Gabriele Rico – eine einzelne kreative Methode. Deutsche Ratgeberautoren sahen das Schreiben bevorzugt als Mittel der Selbstfindung an und stellten dessen „heilende Kraft" in den Vordergrund. So war der promovierte Germanist Gesing einer der ersten, wenn nicht gar der erste deutsche Autor, der – entgegen dem Haupttitel – fundiertes Rüstzeug für das literarische Erzählen vermittelte. Er berücksichtigte die besonderen Rahmen- und Ausbildungsbedingungen für Autoren in Deutschland und ließ sich bei der Auswahl der Beispiele vom hier verbreiteten Literaturkanon leiten.

Gesings Ratgeber ist von zeitloser Aktualität und auch 2009 noch jedem zu empfehlen, der sich anschickt, Schriftsteller zu werden. Die Leser werden am Startpunkt abgeholt. „Warum schreiben?" lautet folgerichtig eine der ersten Überschriften, und Fragen nach dem Wozu, Weshalb, Warum, nach der Motivation und der Schreibplanung stehen am Anfang des Buches. Gesing vertritt die Auffassung vom Schreiben als einem Handwerk, das erlernbar ist. Behandelt werden die Themenkomplexe Stoff, Figuren, Konflikt, Struktur, Erzähler, Komposition, Grundformen des Erzählens, Sprache und Stil bis hin zum Überarbeiten und Korrigieren. Die Inhalte vermittelt

Gesing in einer einprägsamen und anschaulichen Mischung aus Beispielen und Theorie. Am Ende der Kapitel stehen Listen mit Prüfkriterien und Ratschlägen, die das Wesentliche zusammenfassen und es leicht machen, schnelle Lösungen für Fragen zu finden, die während des Schreibens auftauchen.

Fritz Gesing: Kreativ schreiben. Handwerk und Techniken des Erzählens

36. Kann man Schreiben lernen?

Achtung Ironie! *Wie werde ich ein verdammt guter Schriftsteller?* führt den angehenden Autor auf der Suche nach klugem Rat aufs Glatteis. Es handelt sich nicht um die einhundertneunundneunzigste Anleitung für das Verfassen des ultimativen Bestsellers. Dieses Buch ist kein Ratgeber, sondern ein vielstimmig konzipierter Essayband über die Frage, ob literarisches Schreiben überhaupt lehrbar sei und wenn ja, in welcher Weise. Da die Autoren Dozenten und Absolventen des Leipziger Literaturinstituts sind, leugnet keiner von ihnen die Lehrbarkeit generell. Gestritten wird über Details, zum Beispiel über die nötige Qualifizierung des Schreiblehrers und über die Fähigkeiten, die der Schüler mitzubringen habe. So fordert etwa Burkhard Spinnen Genialität vom Schüler und namhafte Erfolge als Autor vom Lehrer. Gegen Spinnens elitäre Position steht die von Josef Haslinger, der sich differenziert und kenntnisreich über die Schreibbewegung äußert.

Der von den Beiträgern verwendete Literaturbegriff ist zu eng. Von „Literatur in unserem Sinne" spricht Ulrich Treichel vage, und niemand findet es erwähnenswert, dass Literatur nicht nur Avantgarde, ästhetisches Experiment und sprachliche Selbstvergewisserung ist, sondern beispielsweise auch den Thriller und den Unterhaltungsroman einschließt. Die Bewohner des Leipziger Elfenbeinturms erschaudern bei der Vorstellung vom „Schreiben mit Breitensportgedanken", wie Joe Lendle es formuliert. Dabei ist der Vergleich zum Sport so schlecht nicht gewählt. Denn wer hätte vor zwanzig Jahren gedacht, dass Marathonlaufen beinahe zum Volkssport werden würde!

Unklar bleibt, wen die Herausgeber mit ihren sehr auf die besondere Situation des Leipziger Instituts bezogenen Argumenten eigentlich ansprechen möchten. Allen, die sich für eher theoretische Überlegungen zum Schreiben und seiner Vermittelbarkeit interessieren, bietet der Band jedoch viele anregende und zum Widerspruch reizende Gedanken.

Wie werde ich ein verdammt guter Schriftsteller?, hrsg. von Josef Haslinger und Hans-Ulrich Treichel

37. Durch die „Wildnis der deutschen Sprache"

Kein brandaktueller Tipp, aber Bastian Sicks Bestseller *Der Dativ ist dem Genitiv sein Tod,* von dem inzwischen drei Bände vorliegen, sind nach wie vor jedem Spracharbeiter zu empfehlen. Sick nimmt Sie mit auf einen „abenteuerlichen Rundgang durch die Wildnis der deutschen Sprache". Seine Beobachtungen sind immer mitten aus dem Alltag gegriffen.

Selbst gewiefte Sprachjongleure sind mitunter irritiert, wenn sie zum wiederholten Mal „Charlie's Fischimbiss", „lilane Leggings" und „Sylvesterfeier" lesen. Irgendwann beginnt man zu zweifeln, ob „Charlys Fischimbiss", „lila Leggins" und „Silvesterfeier" überhaupt (noch) korrekt sind. Sind sie. Sick erzählt witzig-ironische Geschichten über sprachliche Unsitten, Unsicherheiten, Zweifelsfälle und Modetorheiten. Seine Lektionen über das Mysterium der deutschen Sprache, über Fugen-s, Genitiv-Sterben und ß-Schwäche sind ebenso anregend wie anschaulich und vor allem klar verständlich.

Zum schnellen Nachschlagen finden sich die wichtigsten Regeln, versehen mit prägnanten Beispielen, am Ende der jeweiligen Kapitel, und im Anhang gibt es zusätzlich „Das kleine ABC des Zwiebelfischs". Was ein „Zwiebelfisch" ist, erfahren Sie natürlich auch.

Mit den Tests „Wie gut ist Ihr Deutsch?" der beiden Folgebände können Sie Ihr Sprachwissen bzw. Ihren Lernerfolg überprüfen.

Bastian Sick: Der Dativ ist dem Genitiv sein Tod

38. Bestsellerautoren als Schreiblehrer

Nichts scheint sie zu verbinden: den Meister des Horrrors, die Krimispezialistin und den weltberühmten Romancier – Stephen King, Elizabeth George und Mario Vargas Llosa. Und doch eint sie etwas: Alle drei haben Ratgeber zum Schreiben verfasst. Kann man von den Großen der Belletristik lernen? Mein Eindruck: Jein. Die drei Bücher unterscheiden sich sehr deutlich in der Behandlung ihres Themas.

In Stephen Kings *Das Leben und das Schreiben* fasziniert vor allem der biografische Teil. Unbekümmert, uneitel und zutiefst ehrlich schildert King seinen schwierigen Weg zum Bestsellerautor: Er ist ein Getriebener, der schreiben muss. Die Frage nach dem Erfolgsrezept beantwortet er wie seine Kollegen: Leidenschaft, Beharrungsvermögen, Disziplin und enormer Fleiß. Im zweiten Teil gewährt King Einblicke in einen recht unaufgeräumten „Werkzeugkasten". Die Anweisungen sind flapsig formuliert und lesen sich vergnüglich, bringen aber demjenigen, der schon andere Ratgeber gelesen hat, inhaltlich nicht viel Neues.

Klar gegliedert ist dagegen das Buch *Wort für Wort* von Elizabeth George, das gut nachvollziehbare, informative und sprachlich anregende Grundlagen für die Entwicklung und Ausarbeitung von Romanen, speziell natürlich Kriminalromanen, bietet. Geschickt verbindet sie die eigene Praxis mit allgemeinen Regeln. Allerdings sind manche Zitate arg lang und nicht deutlich genug vom Fließtext zu unterscheiden, und mich hat auch die penetrante Ihr- und Euch-Anrede gestört.

Wesentlich distinguierter verfährt Mario Vargas Llosa in *Briefe an einen jungen Schriftsteller.* Ihm geht es weniger um konkrete Anleitung, sondern um eine essayistisch-reflektierende Annäherung an sein Thema. In fingierten Briefen beantwortet er Fragen eines angehenden Autors nach dem Wesen und den Gestaltungsweisen des Romans mit sprachlicher Brillanz, eindrucksvollen Bildern und Vergleichen sowie zahlreichen Hinweisen auf Werke der Weltliteratur. Wenn Sie einen der drei Autoren besonders schätzen, ist es sicher auch besonders reizvoll, in dessen Werkstatt zu blicken. Und lehrreich zudem.

Elizabeth George: Wort für Wort oder Die Kunst, ein gutes Buch zu schreiben

Stephen King: Das Leben und das Schreiben

Mario Vargas Llosa: Briefe an einen jungen Schriftsteller: Wie man Romane schreibt

39. Handbücher für Schriftsteller

Von den zahlreichen Ratgebern, die noch unerfahrenen Autoren Orientierung in der Verlags- und Medienszene bieten und den Blick für die Spielregeln des Literaturbetriebs schärfen wollen, haben sich zwei miteinander konkurrierende Titel in den letzten Jahrzehnten zu Klassikern entwickelt: Sandra Uschtrins *Handbuch für Autorinnen und Autoren*, das seit Anfang 2005 in der sechsten Auflage vorliegt, sowie Gerhild Tiegers und Manfred Plinkes alle zwei Jahre erscheinendes *Deutsches Jahrbuch für Autoren und Autorinnen*. Beide Bände sind mit 700 bzw. 1.000 Seiten sehr umfangreich und mit 43,00 bzw. 29,90 Euro nicht ganz billig. Deshalb fragt sich wahrscheinlich mancher, ob sich die Anschaffung überhaupt lohnt. Und wenn ja, welcher Titel zu empfehlen ist.

Eine Antwort ist schwierig. Problematisch sind insbesondere die eigentlich positiven Aspekte Aktualität und Vielfalt. Vor allem für die sehr hilfreichen Fakten über Verlage, Literaturzeitschriften, Literaturpreise, Stipendien und Wettbewerbe, die in beiden Bänden einen wichtigen Schwerpunkt bilden, besteht die Gefahr des raschen Veraltens, denn der Literaturmarkt verändert sich in rasantem Tempo. Nach ein bis zwei Jahren sind vermutlich eine ganze Reihe von Angaben bereits wieder überholt. Dazu kommt ein zweites Problem: Beide Bücher sind darum bemüht, möglichst viele Facetten des literarischen Lebens abzudecken. Berücksichtigt wird ein breites Spektrum an Gattungen vom Heftroman über Krimi, Lyrik und Kinderbuch bis hin zu Drehbuch und Hörspiel. Aus- und Weiterbildung, Übersetzen, Marketing, rechtliche und soziale

Fragen und zahlreiche weitere Aspekte werden mehr oder weniger ausführlich berührt. Wer konkrete Informationen zu nur einem Thema sucht, muss also vieles mitkaufen, was ihn möglicherweise nicht interessiert.

Wer jedoch eine professionelle Karriere als Schriftsteller plant und zunächst die Möglichkeiten des Berufs, der Ausbildung und der Vermarktung eigener Werke kennenlernen möchte, dem bieten beide Titel nützliche Informationen und Anregungen. Im Aufbau ähneln sie einander: Essays, Erfahrungsberichte und Interviews geben anschauliche Einblicke in die Praxis, können allerdings keine Allgemeingültigkeit beanspruchen. Die Adressverzeichnisse sind von unterschiedlicher Qualität. So hat beispielsweise die zehnseitige Auflistung von Lyrikverlagen im *Handbuch* nur beschränkten Wert, denn über Größe und Programme der Verlage erfährt der Leser nichts. Wesentlich brauchbarer sind dagegen Zusammenstellungen auf der Basis von Recherchen und Umfragen, wie sie sich in beiden Titeln zu Literaturzeitschriften, Drehbuch- und Literaturagenturen, Preisen, Stipendien und Wettbewerben finden. Hier können die Einrichtungen ausgewählt werden, die zu den eigenen Texten passen. Während im *Handbuch* jeweils eine Vielzahl relevanter Fakten auf engstem Raum zusammengepresst wurde, sind die (etwas knapper gehaltenen) Informationen des *Jahrbuchs* wesentlich übersichtlicher strukturiert.

Das *Jahrbuch* bietet ein besonderes Sahnehäubchen: Auf fast 350 Seiten werden Verlage aus Deutschland, Österreich und der Schweiz mit ihrem Programm und zum Teil auch mit den Ansprechpartnern im Lektorat vorgestellt. Ein Index erlaubt es zudem, gezielt nach Verlagen für bestimmte Gattungen oder Themen zu suchen.

Welchem der beiden Bücher man den Vorzug gibt, bleibt letztlich eine Frage des persönlichen Geschmacks und des Geldbeutels. Keines kann hundertprozentig überzeugen. Die Interviews und Erfahrungsberichte im *Handbuch* fand ich aufschlussreicher als die kurzen Essays im *Jahrbuch*. Dort haben mir allerdings die übersichtlichen Zusammenstellungen der Adressen besser gefallen.

Übrigens: Für viele Fragen bietet die Internetseite des Uschtrin Verlags (www.uschtrin.de) eine recht brauchbare Alternative. Sie enthält Informationen und Links zum deutschen Literaturbetrieb, die unter Stichworten von A bis Z leicht zu recherchieren sind.

Handbuch für Autorinnen und Autoren, hrsg. von Sandra Uschtrin und Michael Joe Küsper

Deutsches Jahrbuch für Autoren und Autorinnen 2010/11, hrsg. von Gerhild Tieger und Manfred Plinke

40. Auf der Suche nach Synonymen

Wie oft hat man das Gefühl, die deutsche Sprache besitzt zu wenige Wörter. Dreimal haben Sie in einem kurzen Absatz schon „gehen" geschrieben. Hat man Ihnen nicht im Aufsatzunterricht zu vermitteln versucht, dass Wiederholungen unschön sind und deshalb vermieden werden sollen? Nun also, welche Synonyme, d.h. Wörter mit gleicher oder ähnlicher Bedeutung, gibt es zu „gehen"? Glücklicherweise sitzen Sie nicht mehr im Klassenzimmer und dürfen deshalb Hilfsmittel benutzen. Bekannt sind Ihnen vermutlich das Synonymwörterbuch des DUDEN (Band 8), das sinn- und sachverwandte Wörter enthält, und die Thesaurus-Funktion von *Word*, die sich unter dem Menüpunkt ÜBERPRÜFEN (ältere Versionen: EXTRAS / SPRACHE) verbirgt. Im *Word*-Thesaurus finden Sie immerhin zehn Verwandte des Gehens, unter anderem stolzieren, stelzen, walzen, schreiten. Im Synonymwörterbuch des DUDEN erfahren Sie, dass „gehen" in anderen Bedeutungen auch „kündigen", „funktionieren" oder „verkaufen" heißen kann. Wenn Sie aber zu „fortbewegen" zurückblättern, treffen Sie auch hier auf eine hübsche Liste, zu der unter anderem schlurfen, schlurren, watscheln, pesen und wetzen gehören, aber etwa auch „über den großen Onkel gehen" oder „wie ein Storch im Salat gehen".

Eine dritte Möglichkeit, verwandte Wörter zu finden, bietet der *Dornseiff,* ein Lexikon, das den deutschen Wortschatz in Sachgruppen präsentiert. 90.000 Wörter und Wortgruppen sind in 22 Haupt- und 970 Untersachgruppen von „Natur und Umwelt" bis zu „Religion, Übersinnliches" sortiert. In der

Hauptgruppe 8 „Ort und Ortsveränderung" finden Sie unter Punkt 8.3 „Fortbewegung" allein 65 Verben, zum Beispiel staksen, zuckeln, trotten und stromern, dazu einen Ausruf („hoppla!") sowie zahlreiche Substantive (zum Beispiel Fußmarsch, Schneckentempo) und Adjektive (zum Beispiel mobil, nomadisch).

Der *Dornseiff* ist eine wahre Wundertüte für jeden, der mit Sprache zu tun hat. Erarbeitet hat die Wortlisten der akribische Philologe Franz Dornseiff (1888–1960) ab 1921. Zum ersten Mal erschien das Lexikon 1934. Inzwischen liegt es in der achten Auflage vor, und es hat sich im Laufe der Jahrzehnte dem gesellschaftlichen und technischen Wandel angepasst. So gibt es in der neuen Auflage natürlich Sachgruppen zu „Daten und Software" oder zum „Internet". Dornseiff selbst hat den Nutzen seines Wörterbuchs bereits 1921 formuliert: Das Sprachgefühl werde belebt, weil man den Reichtum der Sprache erkenne, denn alle Ausdrücke für eine Sache stünden beieinander. Außerdem könne nach dem passenden Ausdruck gefahndet werden und Schriftsteller könnten besser an ihrem Stil arbeiten.

Benutzen lässt sich das über 900 Seiten dicke „Wortfindebuch" leichter, als es zunächst scheint. Die umfangreiche lexikographisch-historische Einführung ist für diejenigen, die es ganz genau wissen möchten, alle anderen können sie getrost überblättern. Die Suche verläuft stets in zwei Schritten. Am einfachsten ist es, im alphabetischen Register zu beginnen. Dort werden Sie von „gehen" auf die Sachgruppen „Fortbewegung" oder „Reise zu Land" verwiesen. Ausgangspunkt kann aber auch das Register zum Sachgruppensystem oder die Übersicht der Sachgruppen sein. Dort stoßen Sie auf die Hauptgruppe

„Ort und Ortsveränderung" und die Untergruppen „Fortbewegung" und „Reise zu Land".

Nützlich sein kann der *Dornseiff* jedoch nur dem, der sich in
der deutschen Sprache gut auskennt und über ein ausgepräg-
tes Sprachgefühl verfügt, denn die Bedeutung der Wörter
wird nicht erklärt. Sie selbst müssen erkennen und entscheiden, welcher Begriff taugt, einen anderen zu ersetzen, weil er
treffender, anschaulicher, konkreter oder spezifischer ist. Seinen Zweck hat das Lexikon erreicht, wenn es ihm gelingt, das
„Fenster zu Ihrem Wortgedächtnis" zu öffnen.

Franz Dornseiff: Der deutsche Wortschatz nach Sachgruppen

41. Für Schreibschwung und den kreativen Kick

Leichter im Text heißt das Buch des Schweizer Ehepaars Zopfi, das ich all jenen empfehle, die nach Anregungen suchen, die es mit dem Schreiben überhaupt erst einmal probieren möchten oder die nach längerer Abstinenz wieder frischen Schreibschwung benötigen.

Was Sie erwartet? Ein liebevoll gestaltetes, großformatiges Ideenbuch mit übersichtlicher Struktur und Illustrationen, die die Fantasie stimulieren. Dass dieses Buch anders ist als übliche Schreibratgeber, zeigen bereits die Überschriften, die dem organischen Ablauf des Schreibprozesses folgen: „Aufbrechen", „Fließen", „Dichten" oder „Erinnern" heißen sie etwa. Worum es geht? Zum Beispiel darum, Gedanken aufs Papier strömen zu lassen, Ideen, Wörter und Bilder zu vernetzen, an Form und Stil zu arbeiten.

Der Aufbau der Kapitel ist jeweils gleich: Am Beginn wird mit wenigen pointierten Sprachstrichen das Thema umrissen. Auf der folgenden Seite finden sich passende Beispiele aus der Schreibwerkstatt der Zopfis und Wissenswertes zum Thema: Äußerungen von Schriftstellern, Zitate, Schreibtipps und anderes Interessantes mehr. Und dann geht's schon ab in die Praxis! Zwischen drei und fünf themenbezogene Schreibaufgaben bietet jedes Kapitel: kurz erklärt, anschaulich beschrieben, überzeugend begründet, vielfältig in den Methoden und einfach umzusetzen. Vorgestellt werden zum Beispiel Techniken wie Cluster oder Mind-Map, Spiele mit Buchstaben, Sätzen und literarischen Texten, Bausteine für Geschichten oder Nachahmungen von Textmustern. Da mischt sich Kreatives mit Informativem, Witziges mit Ernstem, freies Assoziieren mit rationalem Prüfen und Korrigieren, Hinführung zum individuellen Stil mit Übungen zur Regelhaftigkeit. Wer sich auf dieses Training einlässt, gewinnt Fertigkeiten im literarischen Schreiben. Probieren Sie es aus!

Christa und Emil Zopfi: Leichter im Text. Ein Schreibtraining

42. Romane aus der Welt der Literatur

„Schreiben Sie über Dinge, die Sie kennen und von denen Sie etwas verstehen", empfehlen Ratgeber zum Schreiben sehr häufig. Und da Schriftsteller etwas vom Bücherschreiben verstehen und sich im Literaturbetrieb auskennen, ist es eigentlich nicht verwunderlich, wenn sie genau das zum Thema ihrer Romane machen. Für alle angehenden Autoren eine gute Gelegenheit, sich Insiderwissen anzueignen und ein wenig in die Welt hineinzuschnuppern, in der sie Fuß fassen möchten.

Bereits 2005 veröffentlichte Hanns-Josef Ortheil, Professor für Kreatives Schreiben an der Universität Hildesheim, mit *Die geheimen Stunden der Nacht* einen Schlüsselroman über die deutsche Literaturszene. Im Mittelpunkt steht der fünfzigjährige Georg von Heuken, der endlich die Chance erhält, seinen übermächtigen Vater in der Leitung des familieneigenen Verlags abzulösen. Zwar wird der mit einer pikanten Liebesgeschichte verschnittene Generationenkonflikt etwas behäbig und weitschweifig erzählt, aber der Leser erhält dabei doch detaillierte Einblicke in Verlagsinterna. Er kann den Umgang mit einem schwierigen Starautor und die seltsamen Rituale einer Vertreterkonferenz bestaunen und erfährt auch sonst mancherlei Interessantes und Kurioses aus dem Verlagswesen.

Klaus Modicks Roman *Bestseller* ist eine bitterböse Satire auf den Literaturbetrieb der Gegenwart. Lukas Domcik (unschwer als Anagramm des Autorennamen zu entschlüsseln), ein mittelmäßiger Schriftsteller mit bescheidenen Erfolgen, träumt vom Weltbestseller. Da weder die Themen seiner Romane noch sein Äußeres medial vermarktbar sind und den vermeintlichen

Leserwünschen entsprechen, scheint dessen Verwirklichung mehr als unwahrscheinlich. Doch dann erbt Domcik von einer verstorbenen Tante „ölige" Aufzeichnungen aus dem Nationalsozialismus und lernt zudem eine absolut medientaugliche, aber talentfreie Nachwuchsautorin kennen. Das bringt ihn auf die Idee zu einer „Dokufiktion", die alle Marketingvorgaben seines Lektors bestens erfüllt. Domciks Plan geht tatsächlich auf, allerdings etwas anders als von ihm erhofft. Während man den geschwätzigen Erzähler bei der Verwirklichung seines hochstaplerischen Planes begleitet, erhält man zugleich eine Einführung in die einzelnen Schritte der Buchwerdung von der ersten Idee über das Exposé bis zu den Rezensionen. Modicks Roman schrammt sehr nah an der Realität entlang und weitet sich an vielen Stellen zu einer insgesamt sehr vergnüglich zu lesenden Gesellschaftssatire.

Wolf Haas nähert sich dem Thema „Literaturbetrieb" auf eine irritierend unkonventionelle Weise. Das gesamte Buch besteht aus einem Interview. Eine Journalistin der „Literaturbeilage" befragt den Autor Wolf Haas zu seinem neuen Roman *Das Wetter vor 15 Jahren*. Der Leser erfährt aus diesem Gespräch etwas über die Figurengestaltung und den Handlungsverlauf der tragikomischen Liebesgeschichte, zugleich aber auch etwas über den Produktionsprozess von Literatur, die beabsichtigten Wirkungen und deren Gelingen oder Misslingen. Dabei herausgekommen ist ein ebenso witziges und amüsantes wie (für den Nachwuchsautor) informatives Werk.

Hanns-Josef Ortheil: Die geheimen Stunden der Nacht
Klaus Modick: Bestseller
Wolf Haas: Das Wetter vor 15 Jahren

43. Auch Schriftsteller sind Menschen

Schreiberlust & Dichterfrust ist kein Ratgeber und kein Roman, aber trotzdem ein rundherum anregend und informativ geschriebenes Buch. Rolf-Bernhard Essig kennt sich in der Literaturgeschichte bestens aus. Rund 200 Autorinnen und Autoren lässt er zu Wort kommen, und er hat kein Problem damit, Paul Maar und Thomas Mann in einem Atemzug zu nennen. Mit wunderbar ausgewählten Zitaten, die man sich allesamt neben den Schreibtisch pinnen möchte, erzählt er von der konkreten Arbeit der Schriftsteller und vom Entstehen ihrer Texte. Die Struktur folgt in grober Linie dem Produktionsprozess von der ersten Idee bis zum Abschluss eines Manuskripts. Zwischendurch schickt Essig seine Leser auf Seitenwege, die aber nicht in die Irre führen, sondern weitere Facetten schriftstellerischen Handelns und Denkens aufscheinen lassen.

Essig verbindet Einblicke in die Werkstätten der Autoren mit praktischen Schreibtipps. Manche schreibtechnischen Aspekte werden so knapp und zugleich so verständlich geschildert, wie ich es bisher noch nicht gelesen habe. So werden zum Beispiel aus der Gegenüberstellung der beiden Fassungen von Gottfried Kellers *Grünem Heinrich* die unterschiedlichen Wirkungen von Er- oder Ich-Perspektive sehr deutlich sichtbar. Darüber hinaus gelangt man zu der Einsicht, dass Schreiben eine höchst individuelle Beschäftigung ist, deren Regeln vor allem dazu taugen, sie zu variieren oder zu missachten. Immer gilt ein Sowohl-als-auch. Es gibt den Autor, der mit Romanplänen die Zimmerwände tapeziert (Heinrich Böll), und den, der ganz planlos (Raymond Chandler) zu schreiben beginnt. Den, der seine Figuren nicht von der Leine lässt (Vladimir Nabokov), und die, bei der sie beständig über die Stränge schlagen (Astrid Lindgren). Zu kritisieren bleiben allenfalls die teilweise flauen Schwarz-Weiß-Fotos (doppelt schade, weil sie den Text nicht nur illustrieren, sondern auch sehr gut ergänzen) und die (primäre) Vermarktung als Jugendbuch, die vermutlich zur Folge haben wird, dass viele Erwachsene den Titel überhaupt nicht entdecken werden.

Schade, denn *Schreiberlust & Dichterfrust* ist das ideale Buch für einen entspannten Sonntagnachmittag und -abend im Lesesessel. Es entlässt einen mit dem schönen Gefühl in die neue Woche, klüger geworden zu sein und sich trotzdem prächtig amüsiert zu haben.

Rolf-Bernhard Essig: Schreiberlust & Dichterfrust

44. Büchergeburten

So toll die Möglichkeit auch ist, Bücher zum Beispiel bei BoD oder Lulu selbst zu publizieren, oft steht am Ende doch eine Enttäuschung. Denn das mit dem Textprogramm gestaltete Buch sieht möglicherweise ganz anders aus als ein „richtiges". Woran das liegt? Nun, zum großen Teil sicher daran, dass die Herstellung von Büchern eine Profession ist, der eine Menge ästhetisches, technisches und handwerkliches Wissen zugrunde liegt. Wir erkennen zwar, dass mit unserem selbst gestalteten Buch etwas nicht stimmt, können aber nicht benennen, was es ist.

Wer weder Lust noch Zeit hat, sich zumindest die Grundbegriffe der alten, beinahe ausgestorbenen Kunst der Setzer und Drucker anzueignen, oder nicht genügend Neugier besitzt, um erfahren zu wollen, was sich hinter Begriffen wie „Hurenkind", „U4" oder „Titelei" verbirgt, der sollte sich überlegen, ob er die Gestaltung nicht einem professionellen Anbieter überlässt.

Wer sein Buch von A bis Z selbst gestalten möchte, dem empfehle ich *Wie kommen die Bücher auf die Erde?* von Rainer Groothuis, einem Buchgestalter und Spezialisten für Kommunikation und Marketing für Bücher und Verlage. Seine Ausführungen über die Entstehung von Büchern, über die einzelnen Arbeitsschritte und die daran beteiligten Personen sind auch dem Laien verständlich. Geheimnisvolles wird durch zahlreiche Abbildungen und Zeichnungen anschaulich gemacht. Die Beispiele für Umschlaggestaltung, die Informationen über Titelei, Satzspiegel und Typografie geben Inspiration und wertvolle Hinweise fürs eigene Tun. Allerdings, das sei einschränkend gesagt: Die Möglichkeiten, die *Word* für eine professionelle Satz- und Buchgestaltung bietet, sind und bleiben begrenzt.

Sehr anschaulich erklärt auch Gudrun Sulzenbacher in *Vom Büchermachen* die Geburt eines Buches, in ihrem Fall die eines Sachbuchs mit vielen Abbildungen. Der großformatige Band richtet sich vor allem an Kinder, aber auch Erwachsene können bei der Lektüre sehr viel lernen, weil selbst komplexe Zusammenhänge einfach, einleuchtend und anschaulich erklärt werden.

Rainer Groothuis: Wie kommen die Bücher auf die Erde?

Gudrun Sulzenbacher: Vom Büchermachen

45. Nicht jedem Anfang wohnt ein Zauber inne

In beinahe jedem Schreibratgeber kann man es nachlesen: Ein Lektor erkennt auf den ersten Seiten, ob ein Manuskript etwas taugt oder nicht. Eine These, die viele angehende Autoren nicht glauben möchten. Erscheint es doch als allzu unbarmherzig, wenn nach jahrelanger Arbeit vier Seiten genügen sollten, um vielleicht eine Ablehnung zu begründen. Hans-Peter Roentgen machte die Probe aufs Exempel. Er rief Autoren auf, ihm die Anfänge ihrer unveröffentlichten Romane zu schicken. Aus allen Einsendungen traf er eine Auswahl, die er analysierte und unter dem etwas albernen Titel *Vier Seiten für ein Halleluja* veröffentlichte. Seine Leitfragen lauten: Wie erkenne ich typische Anfängerfehler? Was kann ich tun, um sie zu beheben?

Trotz mancher Schwäche im Layout möchte ich das Buch allen empfehlen, die einen Roman schreiben oder geschrieben haben. Warum? Wegen des Splitter- und Balkeneffekts! Gemeint ist das schöne Bibelwort vom Splitter, den man im Auge seines Gegenübers sieht, und dem Balken im eigenen Auge, den man nicht wahrnimmt. Am fremden Text erkennt man sofort, wo es hakt, beim eigenen dagegen ist man nur allzu gern bereit, den handwerklichen Fehler als originelles künstlerisches Stilmittel auszugeben. Der Lerneffekt von Roentgens Ratgeber leitet sich wohl vor allem daraus ab, dass hier nicht perfekte Beispiele anerkannter Schriftsteller präsentiert werden, sondern problematische Texte von Anfängern. Einige Mängel finden sich häufiger, es scheinen typische Fehler der ersten Seiten zu sein: Überfülle an Informationen (der so genannte „Infodump"), zu frühe und zu lange Rückblenden, zu geringes Konfliktpotenzial, langweilige Figuren. Roentgens Analysen sind aufschlussreich und gut nachvollziehbar, seine Änderungsvorschläge einleuchtend, der Aha-Effekt groß, die Übungen hilfreich. Leider erlaubt es die undurchsichtige Struktur nicht, gezielt nach einzelnen Problemfeldern und Übungen zu suchen. Lehrreich und spannend ist es, nach der Lektüre der Beispiele zunächst selbst darüber nachzudenken, wo wohl das Problem des Textes liegt und wie es zu beheben wäre. Nicht immer ist das der Punkt, den Roentgen behandelt, denn er konzentriert sich zumeist auf eine Schwierigkeit von mehreren. Das Fazit: Es stimmt. Man kann nach wenigen Seiten erkennen, ob ein Manuskript grundlegende handwerkliche Schwächen aufweist.

Hans-Peter Roentgen: Vier Seiten für ein Halleluja

46. Den Buchmarkt verstehen lernen

Die erste Bestsellerliste in Deutschland wurde 1927 veröffentlicht, als erster Bestseller gilt Erich Maria Remarques *Im Westen nichts Neues*. – 2003 wurden von deutschen Verlagen 80.971 Titel produziert. – Der Begriff „Impressum" leitet sich vom italienischen Wort *imprimere* (eindrucken) ab und bezeichnet eine detaillierte Herkunftsangabe für Druckschriften.

Das und sehr vieles mehr erfahren Sie bei der Lektüre des *Buchmarktbuchs*. Natürlich müssen Sie dergleichen nicht wissen. Aber wie heißt es doch so schön: Schaden kann's nicht. Wer sich als Schriftsteller etablieren möchte, sollte zumindest in groben Zügen darüber informiert sein, wie der Literaturbetrieb funktioniert. Und dafür bietet dieses alphabetisch organisierte Nachschlagewerk mit Artikeln zu 120 Stichwörtern von „Absatz" bis „Zwischenbuchhandel" eine solide Basis. Berücksichtigt werden Strukturen, Verfahren und Trends in einem nicht ganz unproblematischen Marktsegment, denn Autoren und Verleger stehen immer im Spannungsfeld zwischen Kunst und Kommerz. Neben einzelnen Begriffen aus Betriebswirtschaft, Soziologie, Medienwissenschaft und Literaturwissenschaft werden hauptsächlich Fachwörter aus der Buchwissenschaft und dem Buchhandel erklärt. Man bekommt einen Überblick über die Vielfalt und Komplexität des Literaturbetriebs, kann sich über Freiexemplare, Remittenden, Lizenzen, Honorare oder Verträge ebenso informieren wie über die wichtigsten Abteilungen eines Verlages. Wenn Sie wissen, welche Aufgaben Lektorat, Herstellung und Marketing jeweils übernehmen, fällt es Ihnen leichter, die richtigen Ansprechpartner zu finden und kompetent mit ihnen zu kommunizieren. Hilfreich sind die Grundlagenkenntnisse auch, um die Chancen für das eigene Manuskript und die Möglichkeiten des Selbstverlags und -marketings besser einschätzen zu können. Von den einzelnen Artikeln aus wird auf verwandte Stichwörter verwiesen, mit den erwähnten Aufsätzen und Fachbüchern lässt sich das Wissen gegebenenfalls weiter vertiefen. Aber: *Das Buchmarktbuch* bietet eine theoretische Basis, es gibt keine konkrete Hilfestellung etwa für die Verlagssuche, die Kalkulation von Honoraren oder die Organisation von Lesungen.

Das Buchmarktbuch, hrsg. von Erhard Schütz u. a.

47. Über den Sinn des Schreibens

Das wunderschön gestaltete Büchlein mit dem geheimnisvollen Titel *Schwarzes Quadrat* ist kein Schreibratgeber. Es enthält vielmehr fragmentarische Überlegungen zum Sinn des Schreibens und der Stellung des Schriftstellers. Max Frisch hat sie 1981 in zwei Vorlesungen an einem New Yorker College vorgestellt. Er habe keine Theorie, erklärt Frisch gleich zu Beginn. Nein, glücklicherweise hat er weder Theorie noch Rezept, sondern etwas sehr viel Wertvolleres, nämlich eine Fülle brillanter Anregungen zum Selberdenken. Frisch reflektiert Fragen, die sich jeder Schreibende wohl so oder ähnlich schon einmal gestellt hat. Warum wird jemand Schriftsteller? Was vermag Literatur? Welchen Zweck kann sie erfüllen? Über jeden einzelnen der klugen und pointierten Gedanken lohnt es sich, nachzudenken. Mich hat besonders Frischs Maxime fasziniert, die Wahrheit sei unsagbar. „Ich habe keine Sprache für die Wirklichkeit", lautet einer seiner Schlüsselsätze. Frischs Folgerung: Nur durch die Umwandlung von Erfahrung in Erfundenes (Fiktion) wird es möglich, sich der Wahrheit anzunähern. Noch einen Schritt weiter geht er mit der Berufung auf den Begriff der „Imagination", der Transformation der Fiktion ins Poetische: in Bilder, Rhythmen und Szenen, die sich einprägen. Damit liefert Frisch eine theoretische Begründung für die Notwendigkeit lebendigen, sinnlichen Erzählens.

Der Titel verweist übrigens auf ein von Frisch entworfenes Manifest, das wiederum auf ein Kunstwerk des russischen Künstlers Kasimir Malewitsch Bezug nimmt.

Max Frisch: Schwarzes Quadrat

48. Ein Werkzeugkasten für Autoren

Roy Peter Clark ist Vizepräsident und Schreiblehrer an einer der renommiertesten Journalistenschulen der Welt, dem Poynter Institute in Florida. Daraus folgt, dass sich sein Buch *Die 50 Werkzeuge für gutes Schreiben* nicht exklusiv an Belletristikautoren richtet, sondern an alle Berufsschreiber.

Man folgt Clark bereitwillig, weil er ganz auf die Arroganz verzichtet, mit der manche Autoren ihre Methode als die allein selig machende preisen. Clark will den Prozess des Schreibens entmystifizieren, keine festen Regeln vermitteln, sondern in den Gebrauch von Werkzeugen einweisen. So wie ein Werkzeug verschieden benutzt werden kann, so auch seine Ratschläge zum Modulieren, Schleifen und Glätten von Texten. Es gibt kein Richtig oder Falsch, sondern nur bestimmte Wirkungen. Das gilt zum Beispiel für die Verwendung von Aktiv oder Passiv. Will ich jemanden als Opfer darstellen oder als Person, die Verantwortlichkeiten vertuscht, kann das Passiv durchaus die angemessene grammatische Form sein.

Die fünfzig Werkzeuge, die in fünfzig kurzen Kapiteln vorgestellt werden, entsprechen vier Schubladen einer Schreibwerkstatt: In einer liegen die wichtigsten und am häufigsten gebrauchten Utensilien (zum Beispiel Satzbau, Zeichensetzung, Verben, Kürzen), in der zweiten Spezialgeräte wie Namen, Bilder, Details, in den beiden weiteren Baupläne und Strategien zum Werkzeuggebrauch.

Manches kennt man bereits aus ähnlichen Ratgebern, bei Clark liest man es aber gern noch mal, weil die Akzente anders gesetzt und die Beispiele gut gewählt sind. Vieles aber war für mich überraschend neu und überzeugend, die „Leiter der Abstraktion" etwa, die Kapitel zu „Motoren", „Goldmünzen" und „durchbrochenen Linien". Alles wird konkret und anschaulich, leicht verständlich und einprägsam beschrieben. Wer sich jede Woche ein Kapitel vornimmt und einige der Übungen an eigenen Texten erprobt, wird innerhalb eines Jahres seine Schreibweise entscheidend verbessert haben.

Roy Peter Clark: Die 50 Werkzeuge für gutes Schreiben

49. Konflikt, Konflikt, Konflikt!

Ron Kellermann ist kein Romancier, er arbeitet als Stoffentwickler und Dramaturg für den Film. Aber es ist gerade dieser andere Blick, der für angehende Romanautoren so ungemein hilfreich ist. Das große Plus von Kellermanns Buch *Fiktionales Schreiben:* Viel konsequenter als in anderen Ratgebern werden Aspekte der Dramaturgie, also der Gestaltung des Konflikts, behandelt. Eingängig und gut nachvollziehbar wird geschildert, wie aus einer Idee eine funktionierende und lebendige Geschichte wird. Es wird erklärt, wie der Konflikt etabliert wird, was er auslöst, wie er verstärkt und schließlich gelöst wird. Außerdem erfahren Sie, welche Rolle die Aspekte Konzept, Figur und Struktur für die Dramaturgie spielen. Kellermanns Buch ist keine Anweisung zum Romanschreiben, sondern ein Instrument zum Konzipieren von Geschichten, aus denen anschließend ein Roman (oder ein Spielfilm) gestaltet werden kann. Im Mittelpunkt steht der Entwicklungsprozess von der Idee zum Exposé (bzw. zum ausgearbeiteten Plot).

Ein Hinweis zur Terminologie: Kellermanns Begriff des Exposés ist auf die Filmbranche bezogen. Dort ist es durchaus üblich, ein (entsprechend ausführliches) Filmexposé zu verkaufen, auch wenn noch keine Zeile des Drehbuchs geschrieben ist. Bei Romanen kommt der Schreibweise selbst entscheidende Bedeutung zu, hier ist das Exposé oder die Plotskizze zunächst nur ein Hilfsmittel für den Autor in der Vorbereitungsphase des Schreibprozesses. Später kann es dann als Grundlage für das Exposé dienen, das zusammen mit der Leseprobe an Verlage geschickt wird.

Fragen und Fragelisten führen durch die Kapitel und helfen beim Erarbeiten von Geschichten und der Überprüfung ihrer Tragfähigkeit. Es werden genau die Fragen gestellt, die jeder, der einen Roman plant, sich stellen und beantworten sollte. Man merkt, dass Kellermann als Dozent zahlreiche Seminare zum Thema geleitet hat. Die Darstellung folgt der mündlichen Vortragsform und damit dem Prinzip des Einfachen im besten Sinne. Das Buch ist ausgesprochen leserfreundlich, ziel- und praxisorientiert, klar, lebendig und verständlich geschrieben.

Ron Kellermann: Fiktionales Schreiben

50. Besser nicht: Ein Anti-Literaturtipp

Zum Abschluss gibt es keine Empfehlung, ich möchte vielmehr vom Kauf eines Buches abraten. *Der Ratgeber für neue Autoren* unterscheidet sich auf den ersten Blick kaum von Produkten wie dem *Handbuch für Autoren* (Uschtrin Verlag) oder dem *Jahrbuch für Autoren* (Autorenhaus Verlag). Höchstens positiv: Der Preis ist mit 12,80 Euro deutlich günstiger. Der Untertitel verspricht zudem, dass Sie alles erfahren, „was Sie zum Thema Schreiben und Veröffentlichen wissen müssen". Gute Gründe also, den Kauf zu wagen.

Fangen wir mit dem Lobenswerten an: Die zweite Hälfte des Buches (etwa 230 von 490 Seiten) besteht aus Adressen von Buchverlagen, Agenturen, Zeitungen, Magazinen, Rundfunksendern und Literaturveranstaltungen. Für solche Listen gilt generell ein eingeschränkter Gebrauchswert, wenn keine oder nur sehr knappe Zusatzinformationen gegeben werden und außerdem die Aktualität nicht immer gewährleistet ist (so wird zum Beispiel bei den Veranstaltungen der „Kölner Bücherherbst" erwähnt, der 2004 zum letzten Mal stattfand). Immerhin: Die Internetadressen können als Ausgangspunkt für weitere Recherchen genutzt werden.

Um einiges ärgerlicher (freundlich ausgedrückt) ist der erste Teil des Ratgebers. Abgesehen von einigen wenigen Artikeln, die nützliche Informationen enthalten (zum Beispiel über die Vertriebsarbeit eines Publikumsverlages), herrscht hier insgesamt die Absicht vor, die klassischen Publikumsverlage in negativem Licht zu zeigen und die Vorteile der „Dienstleisterverlage" herauszustellen. Der Ratgeber holt den publikationswilligen Schreiber genau da ab, wo er meist irgendwann steht. Das Buch ist geschrieben, erste Textproben an Großverlage wie Hanser oder Suhrkamp sind verschickt, erste Absagen eingetroffen. Großer Frust macht sich breit! Dieser Ratgeber klärt nicht auf über Funktionen und Arbeitsweisen von Verlagen oder über die Risiken des frei gewählten Schriftstellerberufs, sondern unterstützt mit polemischen Breitseiten gegen faule Lektoren und arrogante Berufsverbände den Noch-nicht-Autor in seinem Gefühl des Unverstanden- und Gekränkt-seins. Vor dem mit kräftigen Farben ausgemalten Hintergrund der unwilligen Publikumsverlage hebt sich die Fürsorge anderer Verlage nur umso stärker ab. So spürte zum Beispiel Dr. Nicole Hahn, als sie durch die repräsentativen Flügeltüren eines Frankfurter Verlagshauses schritt und mit Handschlag, Gebäck und viel Verständnis empfangen wurde, sofort, dass in diesem Haus mit „Kultur und Tradition" ihr Buch in den besten Händen sein würde. Dass sie „Publikationskosten" zahlen musste, fand sie selbstverständlich, haben das doch seinerzeit auch Goethe und Schiller getan.

Wer einen etwas kritischeren Blick in diesen Ratgeber wirft, merkt schnell: Hier geht es nicht darum, seriös und objektiv zu informieren. Das Buch erweist sich vielmehr als Werbeschrift für eine Gruppe so genannter „Dienstleistungsverlage", die in Frankfurt residieren, und für den „Bund Deutscher Schriftsteller". Da verwundert es nicht, dass die Erfahrungsberichte vorzugsweise von Autoren stammen, die im Fouqué-Verlag, in der Weimarer Schiller-Presse oder im Frankfurter Literaturverlag veröffentlicht haben (alle gehören zu einer Holding).

Nicht empfehlenswert: *Der Ratgeber für neue Autoren 2007/2008. Frankfurter Ratgeberverlag. 3. Auflage 2007. 12,80 Euro.*

Literaturverzeichnis

BECK, HARALD: Roman-Anfänge. Rund 500 erste Sätze. Zürich: Haffmans 1992 (zurzeit nur antiquarisch zu kaufen).

BICKHAM, JACK M.: Short Story. Die amerikanische Kunst, Geschichten zu erzählen. Frankfurt am Main: Zweitausendeins 2002 (zurzeit nur gebraucht zu kaufen).

BÜCHMANN, GEORG: Der große Büchmann. Gefügelte Worte von Aristoteles bis Zappa. München: Droemer Knaur 2007 (zuerst 1864), 8,95 €.

CLARK, ROY PETER: Die 50 Werkzeuge für gutes Schreiben. Handbuch für Autoren, Journalisten & Texter. Berlin: Autorenhaus 2009, 19,80 €.

DAS BUCHMARKTBUCH. Der Literaturbetrieb in Grundbegriffen, hrsg. von Erhard Schütz u.a. Reinbek: Rowohlt 2005, 14,90 €.

DEUTSCHES JAHRBUCH FÜR AUTOREN UND AUTORINNEN 2010/11, hrsg. von Gerhild Tieger und Manfred Plinke, Berlin 2009, 29,90 €.

DORNSEIFF, FRANZ: Der deutsche Wortschatz nach Sachgruppen. 8. Auflage Berlin: De Gruyter 2004, 34,95 € (Paperback) oder 68,00 € (gebundene Ausgabe inklusive CD-ROM) oder 39,95 € (nur CD-ROM).

DUDEN DAS SYNONYMWÖRTERBUCH: Ein Wörterbuch sinnverwandter Wörter, hrsg. von Wolfgang Müller. 4. Auflage Mannheim: Bibliographisches Institut 2006, 21,95 €.

DUDEN FAMILIENNAMEN: Herkunft und Bedeutung von 20.000 Nachnamen, hrsg. von Rosa und Volker Kohlheim. Mannheim: Bibliographisches Institut 2005, 24,95 €.

DUDEN KORREKTOR (19,95 €) und Duden Korrektor PLUS 6.0 (49,95 €), Mannheim: Bibliographisches Institut 2009.

ESSIG, ROLF-BERNHARD: Schreiberlust & Dichterfrust. Kleine Gewohnheiten und große Geheimnisse der Schriftsteller. München: Hanser 2007, 19,90 €.

FRENZEL, ELISABETH und Sybille Grammetbauer: Stoffe der Weltliteratur. 10. Auflage Stuttgart: Kröner 2005, 29,80 € (gebrauchte oder ältere Ausgaben bei Amazon ab 3,00 €).

FRISCH, MAX: Schwarzes Quadrat. Zwei Poetikvorlesungen. Frankfurt am Main: Suhrkamp 2008, 14,80 €.

GEORGE, ELIZABETH: Wort für Wort oder Die Kunst, ein gutes Buch zu schreiben. München: Goldmann 2004, 12,00 €.

GESING, FRITZ: Kreativ schreiben. Handwerk und Techniken des Erzählens. 3. Auflage Köln: DuMont 2008 (zuerst 1994), 12,90 €.

GROOTHUIS, RAINER: Wie kommen die Bücher auf die Erde? Über Verleger und Autoren, Hersteller, Verkäufer und das schöne Buch. Neuausgabe Köln: DuMont 2007, 19,90 €.

HAAS, WOLF: Das Wetter vor 15 Jahren. Roman. Hamburg: Hoffmann und Campe 2006, 18,95 € (Tb. 2008, 8,90 €).

HANDBUCH FÜR AUTORINNEN UND AUTOREN, hrsg. von Sandra Uschtrin und Michael Joe Küsper. 6. Auflage München: Uschtrin 2005, 43,00 €.

KELLERMANN, RON: Fiktionales Schreiben. Köln: Emons 2006, 18,00 €.

KING, STEPHAN: Das Leben und das Schreiben. München: Heyne Tb. 2002, 8,95 €.

KUNZE, KONRAD: dtv-Atlas Namenkunde. Die Vor- und Familiennamen im deutschen Sprachgebiet. München: dtv 1999 (zurzeit nur gebraucht erhältlich).

MEID, VOLKER: Sachwörterbuch zur deutschen Literatur. Stuttgart: Reclam 1999, 14,90 € (Tb. 2001: 10,10 €).

MODICK, KLAUS: Bestseller. Roman. Frankfurt am Main: Eichborn 2006, 19,90 € (Piper Tb. 2009, 8,95 €).

ORTHEIL, HANNS-JOSEF: Die geheimen Stunden der Nacht. München: Luchterhand 2005, 21,90 € (btb Tb. 2007, 9,00 €).

ROENTGEN, HANS-PETER: Vier Seiten für ein Halleluja. Ein Schreibratgeber der etwas anderen Art. Fischbachtal: Sieben 2008, 12,90 €.

SCHUMANN, OTTO: Grundlagen und Techniken der Schreibkunst (zuerst wohl um 1950). Nachdrucke im modernen Antiquariat oder bei Amazon ab 10,00 €, gebrauchte Ausgaben ab einem Cent.

SICK, BASTIAN: Der Dativ ist dem Genitiv sein Tod. Ein Wegweiser durch den Irrgarten der deutschen Sprache, 2004. Folge 2: Neues aus dem Irrgarten der deutschen Sprache, 2005. Folge 3: Noch mehr Neues aus dem Irrgarten der deutschen Sprache, 2006. Köln: Kiepenheuer & Witsch (je 8,90 €). Alle drei Titel gibt es seit 2008 auch zusammen in einem Band für 10,00 €.

STEIN, SOL: Über das Schreiben. 1. Auflage Frankfurt am Main: Zweitausendeins 1997 (Tb. 8,90 €).

SULZENBACHER, GUDRUN: Vom Büchermachen. Wie Ötzi ins Buch kam. Wien, Bozen: Folio 2006, 15,80 €.

VARGAS LLOSA, MARIO: Briefe an einen jungen Schriftsteller: Wie man Romane schreibt. Frankfurt am Main: Suhrkamp Tb. 2004, 7,00 €.

WALLECHINSKY, DAVID und Amy Wallace: Das große Buch der Listen. Wissenswertes, Kurioses und Überflüssiges. Berlin: Ullstein Tb. 2006, 8,00 €.

WIE WERDE ICH EIN VERDAMMT GUTER SCHRIFTSTELLER? Berichte aus der Werkstatt, hrsg. von Joseph Haslinger und Hans-Ulrich Treichel. Frankfurt am Main: Suhrkamp 2005 (edition suhrkamp 2395), 10,00 €.

ZOPFI, CHRISTA und Emil: Leichter im Text. Ein Schreibtraining. Bern: Zytglogge 2001, 22,50 €.

Empfehlenswerte Internetseiten

AKTIONSBÜNDNIS: www.aktionsbuendnis-faire-verlage.com
  Das Aktionsbündnis für faire Verlage bietet fundierte Informationen über die Methoden unfairer Verlage.

AUTORENHAUS VERLAG: www.autorenhaus.de
  Spezialverlag für Sach- und Ratgeberliteratur zu den Themen Schreiben und Veröffentlichen.

BACHMANNPREIS: www.bachmannpreis.eu
  Tage der deutschsprachigen Literatur in Klagenfurt; medienöffentliches Wettlesen um den hochrangigen Bachmannpreis und weitere Auszeichnungen.

BÖRSENVEREIN DES DT. BUCHHANDELS: www.boersenverein.de
  Der Berufsverband der deutschen Verlage und Buchhandlungen bietet Informationen zum Buch- und Verlagswesen.

BOOK-ON-DEMAND-DIENSTLEISTER: www.bod.de
  Empfehlenswerter Anbieter für den Druck von „Büchern auf Bestellung" im Selbstverlag (mit oder ohne ISBN).

BUCHMESSE FRANKFURT: www.buchmesse.de

BUCHMESSE LEIPZIG: www.leipziger-buchmesse.de

BUCHREPORT: www.buchreport.de
  Fachmagazin für die Buchbranche, u.a. Informationen über Bestsellerlisten und die 100 größten Buchverlage.

DUDEN KORREKTOR: www.duden-korrektor.de
  Aktuelle Informationen über die Korrekturprogramme für Textverarbeitung.

ESCHBACH, ANDREAS: www.andreaseschbach.de
  Der Bestsellerautor hat das Papyrusprogramm getestet und den 10-Punkte-TÜV zur Textüberarbeitung entwickelt.

LESEFUTTER: www.lesefutter.org

Papiertüten für Buchhandlungen und Bäckereien werden mit Literatur bedruckt. Autoren können sich mit Texten bewerben.

LITERATURCAFÉ: www.literaturcafe.de

Der literarische Treffpunkt im Internet bietet Ratschläge, Quiz, Kritiken, Termine, Links und anderes mehr.

MACONDO: www.die-lust-am-lesen.de

Ästhetisch und inhaltlich überzeugende Literaturzeitschrift.

PAPYRUS: www.papyrus.de

Textverarbeitungs- und Datenbankprogramm speziell für Autoren.

RHEINLESE – LITERATUR IM FLUSS: www.rheinlese.de

Sommerlesung in besonderer Atmosphäre mit den Füßen im Rhein.

ROMANSUCHE: www.romansuche.de

Datenbank mit Manuskriptangeboten für Verlage.

STILISTICO SCHREIBKULTUR: www.stilistico.de

Ansprechpartner für alle Fragen des Schreibens und Veröffentlichens: Schreibseminare, individuelle Textberatung, Schreibcoaching & Lektorat.

STORIES & FRIENDS: www.stories-and-friends.com

Kleiner Verlag, der immer mal wieder Beiträge für geschmackvolle Geschenkbücher sucht.

USCHTRIN VERLAG: www.uschtrin.de

Informationen und Links zum deutschen Literaturbetrieb von A bis Z.

VORNAMENSUCHE: www.beliebte-vornamen.de